U0497720

管理信息系统实践教程

GUANLI XINXI XITONG SHIJIAN JIAOCHENG

主　编　　曹小英　马法尧

副主编　　罗　剑　牟绍波

主　审　　唐云锦

西南财经大学出版社
Southwestern University of Finance & Economics Press

图书在版编目(CIP)数据

管理信息系统实践教程/曹小英,马法尧主编. —成都:西南财经大学出版社,2015.6

ISBN 978 – 7 – 5504 – 1918 – 6

Ⅰ.①管⋯　Ⅱ.①曹⋯②马⋯　Ⅲ.①管理信息系统—教材

Ⅳ.①C931.6

中国版本图书馆 CIP 数据核字(2015)第 108706 号

管理信息系统实践教程

主　　编:曹小英　马法尧
副主编:罗　剑　牟绍波
主　审:唐云锦

责任编辑:李　筱
助理编辑:傅倩宇
封面设计:张姗姗
责任印制:封俊川

出版发行	西南财经大学出版社(四川省成都市光华村街 55 号)
网　　址	http://www.bookcj.com
电子邮件	bookcj@ foxmail.com
邮政编码	610074
电　　话	028 – 87353785　87352368
照　　排	四川胜翔数码印务设计有限公司
印　　刷	四川五洲彩印有限责任公司
成品尺寸	185mm × 260mm
印　　张	9
字　　数	195 千字
版　　次	2015 年 6 月第 1 版
印　　次	2015 年 6 月第 1 次印刷
印　　数	1—2000 册
书　　号	ISBN 978 – 7 – 5504 – 1918 – 6
定　　价	20.00 元

前 言

　　管理信息系统实践教程是一门综合性的课程，注重理论与实践相结合，上机实验作为课程实践的重要环节，是教学过程中的不可或缺的部分。实验课程不同于理论课程，要充分体现"学生为中心"的模式，应以学生为主体，充分调动学生的积极性和能动性，重视学生自学能力、动手能力的培养。本书是《管理信息系统》的配套实验教材，编写这本书的目的是为了满足高校工商管理、信息管理与信息系统、经济信息管理、电子商务等专业学生学习之用。本书突出管理信息系统的应用分析，在实验中适当安排认知性、操作性、验证性、综合性等相关实验，培养学生的动手能力、创新能力。

　　管理信息系统实践环节通过计算机相关实验和案例分析，加深学生对课堂教学内容的理解，增加对管理信息系统的感性认识，增强学生的实际动手能力。本书共分为三个部分，第一部分是管理信息系统基础操作，共包含九个实验。第二部分为管理信息系统的综合应用，涵盖了两个系统开发的全过程，教师可根据实际需要，进行案例选择。第三个部分为案例篇，教师可根据理论课上课需要结合案例进行相关知识的讲解。此外，本书所需的部分报告模板、程序设计基础知识及部分系统代码均在附录部分有所体现。

　　本书第一章由曹小英、罗剑、王相平、朱广财、王怀玉和寇耀丹编写，第二章由曹小英、罗剑、刘欢、许娜、杨雯睿和邓静莹编写，第三章由马法尧、罗剑、牟绍波、唐云锦、欧坚强、徐明和李青青编写。全书由曹小英统稿，唐云锦审稿。

　　本书是西华大学工商管理特色专业建设阶段性成果。在本书的撰写过程中，得到了众多同仁的帮助，在此对大家的辛勤工作表示诚挚的感谢！在撰写本书的过程中，编者参考和吸取了国内外同类教材的教学思想和教学内容，但由于管理信息系统开发所涉及的相关技术飞速发展，鉴于我们的水平有限，时间仓促，书中难免有不妥之处，恳请读者与同行批评、指正！

编者

2015 年 3 月

目 录

第一章 管理信息系统的基础操作

实验一 VB 集成开发环境及简单应用程序的建立

一、实验目的

1. 掌握 VB 的启动方法。
2. 熟悉 VB 的开发环境。
3. 掌握在属性窗口中设置控件属性的方法。
4. 学会建立简单的 VB 应用程序的方法。
5. 掌握基本控件 CommandButton 的特性及应用。

二、实验原理

Visual Basic（简称 VB）是一种由微软公司开发的包含协助并发环境的事件驱动编程语言。从任何标准来说，VB 都是世界上使用人数最多的语言，它源自于 BASIC 编程语言，基于可视化编程原理，其拥有简单易学、功能强大等特点。VB 拥有图形用户界面（GUI）和快速应用程序开发（RAD）系统，程序员可以轻松地使用 DAO、RDO、ADO 连接数据库，或者轻松地创建 ActiveX 控件。程序员可以轻松地使用 VB 提供的组件快速建立一个应用程序。

1. 命令按钮

大多数 Visual Basic 应用程序都有 CommandButton，使用户通过简单的敲击按钮来执行操作。当用户选中按钮时，不仅会执行相应操作，还会使该按钮看上去像被按下并释放一样。无论何时，只要用户单击按钮，就会调用 Click 事件过程，将代码写入 Click 事件过程，执行想要执行的动作。

2. 输入框函数

输入框函数即 InputBox（）函数，显示一个能接受用户输入的对话框，并返回用户在对话框中输入的信息。

其语法格式：变量＝InputBox（信息内容、对话框标题、默认内容）。得到的内容为字符类型。

三、实验内容

建立一个 VB 应用程序：计算圆面积。

四、实验步骤

1. 启动 VB

启动 VB 可采用下面两种方法：

（1）【开始】菜单→【程序】→【Microsoft Visual Studio 6.0 中文版】子菜单→【Microsoft Visual Studio 6.0 中文版】程序。

（2）双击桌面上 VB 的快捷方式图标。

启动 VB6.0 后，会显示如图 1-1 所示的一个"新建工程"对话框。

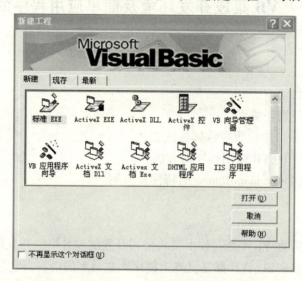

图 1-1　启动 VB6.0 后的"新建工程"对话框

2. 新建一个工程

要建立一个新的工程，选择"新建"选项卡，从中选择"标准 EXE"项（默认），然后单击【打开】按钮，进入如图 1-2 所示的 VB6.0 应用程序集成开发环境，屏幕上出现一个默认的"Form1"窗体。

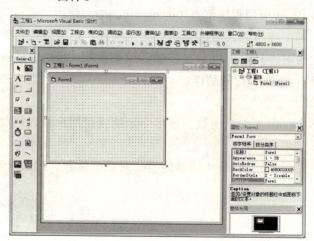

图 1-2　VB6.0 应用程序集成开发环境

3. 界面设计

双击工具箱上的命令按钮（CommandButton），在窗体中出现一个带有"Command1"字样的命令图形对象，用鼠标把它拖到窗体的合适位置；用同样的方法再建立一个命令按钮"Command2"，并把它放到窗体的合适位置。

4. 属性设置

为了明确应用程序的功能，一般需要修改控件的属性。首先，从屏幕右边的属性窗口中打开"Form1"的属性列表，找到 Caption 属性栏，把其值由"Form1"改为"计算圆的面积"，按回车确认，窗体标题随之改变。然后，从属性窗口中打开命令按钮"Command1"的属性列表，将其名称属性设为 Cmdstart，找到 Caption 属性栏，把其值改为"开始"。用同样的方法，把命令按钮"Command2"的名称属性设为 Cmdend，Caption 值改为"结束"，用户界面设计完成如图 1-3 所示。

图 1-3 设计界面

5. 编写代码

计算圆面积的计算公式是 $S = \pi R^2$，其中，π 表示圆周率（这里取值为 3.14），R 为半径，S 为圆面积，根据计算公式，编写如下代码：

（1）双击"开始"按钮，打开代码窗口，如图 1-4 所示，然后输入如下代码：

```
Private Sub Cmdstart_ Click ()
Dim s, r
r = InputBox ("请输入圆半径:")
s = 3.14 * r * r
Print
Print "半径为"; r; "面积为"; s
End Sub
```

（2）在代码窗口的对象列表框中选择对象"Cmdend"，在过程列表框中选择事件 Click（如图 1-4），然后输入如下代码：

```
Private Sub Cmdend_ Click ()
End
End Sub
```

图 1-4　代码窗口

6. 运行程序

运行 VB 程序有三种方法：

（1）单击工具栏中【启动】按钮；

（2）按 F5 键；

（3）单击菜单栏的【运行】，并从子菜单中选择【启动】命令。

关闭代码窗口，用鼠标单击工具栏中启动按钮。此时，程序开始运行，并出现图 1-5画面，单击【开始】按钮，出现如图 1-6 所示的对话框，输入数据"2"后，单击【确定】按钮，程序继续执行，输出结果如图 1-7 所示。单击【结束】按钮，结束程序的执行。

图 1-5　程序运行界面图

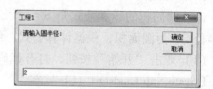

图 1-6　输入半径的对话框

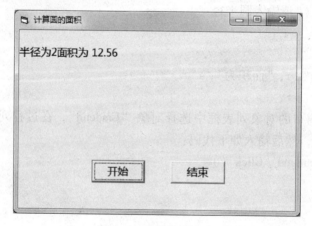

图 1-7　输出结果窗口

7. 保存文件

选择【文件】→【保存工程】菜单命令，或单击工具栏中的【保存工程】按钮。不管是哪一种，对于新程序，系统都会要求给定存放的路径和文件名，并分别保存窗体文件和工程文件。因此，在弹出的文件另存为对话框中提示保存窗体文件，如将窗体文件保存在 E 盘的 VBSY 文件夹下并起名为"Vbsy4_1.frm"，此时，系统会继续提示保存工程文件，将工程文件也保存在 E 盘的 VBSY 文件夹下并起名为"Vbsy4_1.vbp"。

8. 退出 VB

退出 VB 开发环境可以采用以下方法：

（1）【文件】菜单→【退出】命令；

（2）按 Alt+Q 组合键；

（3）单击主窗口右上角【关闭】窗口按钮。

📖补充操作常识：联机帮助

1. 使用"MSDN Library 在线帮助"

在运行 VB6.0 时，使用"MSDN Library 在线帮助"是寻求帮助的常用方法，操作步骤如下：

（1）启动 VB6.0，选择菜单栏上"帮助"菜单的"内容"命令，系统打开【MSDN Library Visual Studio6.0】对话框；

（2）在"活动子集"的下拉框中选择"Visual Basic 文档"，然后单击【目录】选项；

（3）单击"MSDN Library Visual Studio6.0"目录前面的"+"号，展开"MSDN Library Visual Studio6.0"目录；

（4）单击"Visual Basic 文档"目录前面的"+"号，展开"使用 Visual Basic"目录；

（5）单击"程序员指南"目录前面的"+"号，展开"程序员指南"。

因为 MSDN 内容太多，占硬盘空间，很多机房不装 MSDN，所以，上机时可能看不到。

2. 使用"上下文相关帮助"

使用"上下文相关帮助"，可以不必使用"帮助"菜单就能获得"工具箱"中的控件、"属性"窗口中的属性、应用程序中的关键字等内容的帮助。操作方法是把光标移到（或选取）希望获得帮助的位置，然后按 F1 功能键，VB 会自动弹出相关主题的帮助。

获得"工具箱"中控件帮助的操作步骤为：

（1）把光标移到"工具箱"中需要获得帮助的控件处，并单击；

（2）按 F1 功能键。

获得"属性"窗口中属性帮助的操作步骤为：

（1）把光标移到"属性"窗口中需要获得帮助的属性处，并单击；

（2）按 F1 功能键。

获得应用程序中关键字帮助的操作步骤为：

（1）把光标移到应用程序中需要获得帮助的关键字处，并单击；

（2）按 F1 功能键。

实验二　VB 的窗体和常用内部控件（一）

一、实验目的

1. 掌握图片框、图像框的使用方法。

2. 掌握单选按钮的使用方法。

3. 掌握复选框的使用方法。

4. 区别单选按钮、复选框控件的使用场合。

二、实验原理

1. 图像框（Image）、图片框（PictureBox）控件

图像框（Image）是一个简单易用的、显示图像文件的控件。图像控件使用的系统资源较少而且显示速度较快，它可以自动调整自己的大小以适应图像大小，或者伸缩图像的大小使图像适合图像控件的大小。

图片框（PictureBox）作用：添加图形的容器，可以用于导入外部图片显示。

2. 单选按钮（OptionButton）

作用：显示一个可打开/关闭的选项，同一组只可选中一个选项。

Option Button 单选钮控件总是以组的形式出现的。在一组 Option Button 控件中，总是只有一个单选钮处于选中状态，如果选中了其中的一个，其余单选钮则自动清除为非选中状态。

3. 复选按钮（CheckBox）

作用：可以同时选择多个选项。

复选框（CheckBox）的常用属性 Caption——指定复选框所表示的选择项的内容；value——返回或设置复选框的状态。

三、实验内容

1. 建立一个 VB 应用程序：通过单选按钮选择喜欢的图片。

2. 建立一个 VB 应用程序：通过复选按钮调整字形。

四、实验步骤

（一）单选按钮程序设计

1. 界面设计

双击工具箱上的单选按钮（OptionButton），在窗体中出现一个带有"Option 1"字

样的命令图形对象，用鼠标把它拖到窗体的合适位置；用同样的方法再建立四个单选按钮"Option 2""Option 3""Option 4"并把它们放到窗体的合适位置。将名称为"春""夏""秋""冬"的四幅图片分别拷贝至 E 盘根目录下面。

2. 属性设置

打开 Form1 的属性列表，找到 Caption 属性栏，把值由"Form1"改为"选择你喜欢的季节图片"，按回车确认，窗体标题随之改变。分别向窗体中添加图片框（Picture1）、单选按钮和命令按钮，并依次将窗体中的单选按钮、命令按钮的显示属性（Caption）设为如图所示的提示内容，用户界面设计完成如图 1-8 所示。

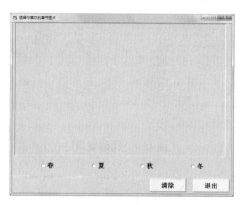

图 1-8　设计界面

3. 编写代码

本程序设计的主要功能是根据用户不同的选择，在图片框中显示不同的图片内容，根据程序的实现目的，编写如下代码：

（1）依次双击【Option1】、【Option2】、【Option3】、【Option4】按钮，打开代码窗口，如图 1-9 所示，然后输入如下代码：

```
Private Sub Option1_Click()
    Picture1. Picture = LoadPicture("E:\春.jpg")
End Sub
Private Sub Option2_Click()
    Picture1. Picture = LoadPicture("E:\冬.jpg")
End Sub
Private Sub Option3_Click()
    Picture1. Picture = LoadPicture("E:\秋.jpg")
End Sub
Private Sub Option4_Click()
    Picture1. Picture = LoadPicture("E:\夏.jpg")
End Sub
```

（2）在代码窗口的对象列表框中选择对象"command1"和"command2"；在过程列表框中选择事件 Click（如图 1-9），然后输入如下代码：

```
Private Sub Command1_Click( )
    Picture1. Picture = LoadPicture("")
End Sub
Private Sub Command2_Click( )
    End
End Sub
```

图 1-9　代码窗口

4. 运行程序

关闭代码窗口，用鼠标单击工具栏中启动按钮。此时，程序开始运行，分别点击不同的单选按钮，图片框显示不同的图片，如图 1-10、图 1-11 所示。单击"清除"按钮，图片框显示为空，当点击"退出"按钮时，结束程序的执行。

图 1-10　选择"夏"的程序显示窗口

图 1-11　选择"秋"的程序显示窗口

5. 保存文件

选择【文件】→【保存工程】菜单命令，或单击工具栏中的"保存工程"按钮。不管是哪一种，对于新程序，系统都会要求给定存放的路径和文件名，并分别保存窗体文件和工程文件。因此，在弹出的文件另存为对话框中提示保存窗体文件，如将窗体文件保存在 E 盘的 VBSY 文件夹下并起名为"Vbsy4_ 2. frm"，此时，系统会继续提示保存工程文件，将工程文件也保存在 E 盘的 VBSY 文件夹下并起名为"Vbsy4_ 2. vbp"。

2. vbp"。

（二）复选按钮程序设计

1. 界面设计

选择工具箱上的文字框（label），在窗体中拖动一个文字显示区域（label1）。双击工具箱上的复选按钮（CheckBox），在窗体中出现一个带有"Check 1"字样的命令图形对象，用鼠标把它拖到窗体的合适位置；用同样的方法再建立两个复选按钮"Check 2""Check 3"并把它放到窗体的合适位置。

2. 属性设置

依次将窗体中的文字显示区域、复选按钮的显示属性（Caption）设为如图 1-12 所示的提示内容。

图 1-12　设计界面

3. 编写代码

本程序设计的主要功能是根据用户不同的选择，对窗体中的文字设置不同的字形，根据程序的实现目的，编写如下代码：

依次双击【Check 1】、【Check 2】、【Check 3】按钮，打开代码窗口，如图 1-13 所示，然后输入如下代码：

```
Private Sub Check1_Click()
    Label1. FontBold = Check1. Value
End Sub
Private Sub Check2_Click()
    Label1. FontItalic = Check2. Value
End Sub
Private Sub Check3_Click()
    Label1. FontUnderline = Check3. Value
End Sub
```

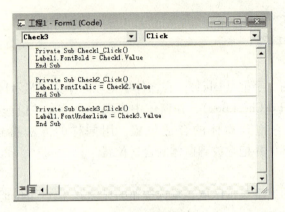

图 1-13　代码窗口

4. 运行程序

关闭代码窗口，用鼠标单击工具栏中启动按钮。此时，程序开始运行，点击复选按钮，则程序窗口中的文字依据用户的选择实现字形的添加，如图 1-14 所示。

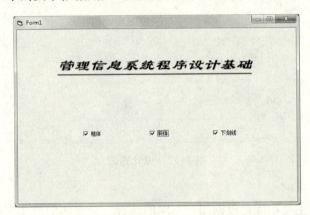

图 1-14　通过复选框的选择程序显示窗口

5. 保存文件

选择【文件】→【保存工程】菜单命令，或单击工具栏中的"保存工程"按钮。将窗体文件保存在 E 盘的 VBSY 文件夹下并起名为"Vbsy4_ 3. frm"，此时，系统会继续提示保存工程文件，将工程文件也保存在 E 盘的 VBSY 文件夹下并起名为"Vbsy4_ 3. vbp"。

实验三　VB 的窗体和常用内部控件（二）

一、实验目的

1. 掌握文本框的属性、方法和事件。
2. 掌握在应用程序中建立菜单的方法。

二、实验原理

1. 文本框（TextBox）

文本框是一种通用控件，可以提供用户输入文本或显示文本。默认时，文本框中输入的字符最多为 2048 个。若将控件的 Multiline 属性设置为 Ture，则可输入多达 32KB 的文本。

2. 菜单编辑器

使用菜单编辑器可以为应用程序创建自定义菜单并定义其属性，利用这个编辑器，可以建立下拉式菜单，最多可达 6 层。

二、实验内容

建立一个 VB 应用程序：通过菜单编辑器制作菜单，实现文本框内字体的修改。

四、实验步骤

1. 界面设计

双击工具箱上的文本框按钮（TextBox），在窗体中出现一个名为"Text1"的文本框，用鼠标把它拖到窗体的合适位置。

利用菜单编辑器制作应用程序的菜单，如图 1-15 所示。菜单项包括"字体""字号""字色"和"退出"四个一级菜单，其中"字体"菜单下包括"宋体""楷体""黑体"和"仿宋"四个子菜单，"字号"菜单下包括"12""14""16""20"和"30"五个子菜单，"字色"菜单下包括"红色""蓝色""绿色"和"黄色"四个子菜单。

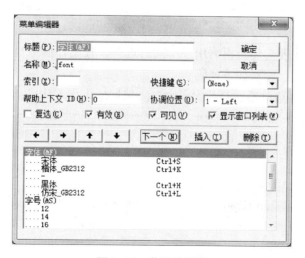

图 1-15 菜单编辑器

菜单层级设置如表 1-1 所示。

表 1-1   顶级菜单设置表

一级菜单	子菜单（菜单项名称）
字体（F）	宋体（songti）、楷体（kaiti）、黑体（heiti）、仿宋（fangsong）
字号（S）	12（Size12）、14（Size14）、16（Size16）、20（Size20）、30（Size30）
字色（C）	红色（Red）、绿色（Green）、蓝色（Blue）、黄色（Yellow）
退出（E）	

界面设计如图 1-16 所示。

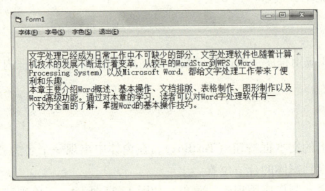

图 1-16　设计界面

2. 属性设置

打开 Text1 的属性列表，找到 Multiline 属性改为"true"，即将文本框修改为多行文本框，将 Scrollbars 属性修改为"2"，即显示纵向滚动条。适当调整文本框的大小，最后在 text 属性中点击下拉菜单，添加如图 1-15 所示的文本内容，按回车确认。

3. 编写代码

本程序设计的主要功能是根据用户不同的选择，在图片框中显示不同的图片内容，根据程序的实现目的，编写如下代码：

（1）依次双击各菜单项，打开代码窗口，然后输入如下代码：

```
Private Sub songti_Click( )
    Text1. font = songti.Caption
End Sub
Private Sub kaiti_Click( )
    Text1. font = kaiti.Caption
End Sub
Private Sub heiti_Click( )
    Text1. font = heiti.Caption
End Sub
Private Sub fangsong_Click( )
    Text1. font = fangsong.Caption
```

```
End Sub
Private Subred_Click( )
    Text1. ForeColor = vbRed
End Sub
Private Subgreen_Click( )
    Text1. ForeColor = vbGreen
End Sub
Private Subblue_Click( )
    Text1. ForeColor = vbBlue
End Sub
Private Subyellow_Click( )
    Text1. ForeColor = vbYellow
End Sub
Private Sub size12_Click( )
    Text1. FontSize = 12
End Sub
Private Sub size14_Click( )
    Text1. FontSize = 14
End Sub
Private Sub size16_Click( )
    Text1. FontSize = 16
End Sub
Private Sub size20_Click( )
    Text1. FontSize = 20
End Sub
Private Sub size30_Click( )
    Text1. FontSize = 30
End Sub
Private Subtuichu_Click( )
    End
End Sub
```

4. 运行程序

关闭代码窗口，用鼠标单击工具栏中启动按钮。此时，程序开始运行，分别点击不同的菜单选项，文本框字体显示如图 1-17、图 1-18、图 1-19 画面所示。单击"退出"菜单时，结束程序的执行。

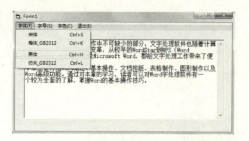

图 1-17　选择"字体"黑体的程序显示窗口

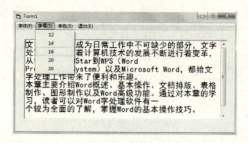

图 1-18　选择"字号"16 的程序显示窗口

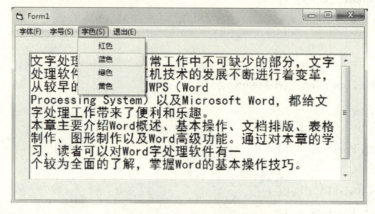

图 1-19　选择"字色"蓝色的程序显示窗口

5. 保存文件

选择【文件】→【保存工程】菜单命令，或单击工具栏中的【保存工程】按钮，将窗体文件保存在 E 盘的 VBSY 文件夹下并起名为"Vbsy4_ 4.frm"，此时，系统会继续提示保存工程文件，将工程文件也保存在 E 盘的 VBSY 文件夹下并起名为"Vbsy4_ 4.vbp"。

实验四　基本的控制结构

一、实验目的

1. 掌握逻辑表达式的正确书写形式。

2. 学会单分支和双分支结构程序的使用。

3. 学会多分支条件语句的使用。

4. 掌握 For 语句的使用。

5. 掌握 Do While/Until……Loop 与 Do……loop While/Until 两种循环语句的使用。

6. 加深理解循环的概念，掌握循环的规则及其执行过程。

二、实验原理

1. 选择结构程序设计

选择结构就是在程序运行中对程序的走向进行选择，以便决定执行哪一种操作。进行选择和控制要有专门的语句，最常用的就是 IF（条件）语句和 CASE（选择）语句。这两个语句都是功能强、格式明确的结构语句，都能进行各种嵌套使用。在学习和使用选择结构时要注意 IF 语句的多变形式及多重嵌套。这也是初学者最易出差错的地方。

2. 循环结构程序设计

循环结构也有多种形式。无论是由 IF 语句和 GOTO 语句构成的循环，还是 DO-LOOP 循环或者 FOR-NEXT 循环，都是复合语句的形式，都有自己的控制条件和判别方式。无论使用哪一种循环，都要注意开头与结束语句之间的匹配。每种循环都有各自的循环开始语句和结束循环语句。同时也有相应的 EXIT 语句可以随时退出循环。

Visual Basic 提供多种循环语句以实现循环程序结构。

·Do While... Loop 语句

Do While... Loop 语句可以在程序中实现"当"循环，其格式为：

Do While<条件表达式>

<循环体语句>

［Exit Do］

Loop

例：do while sum<＝1000

sum＝sum＊2

loop

·For... Next 语句

For... Next 循环有一个可当做"计数器"的变量，因此可用来设置固定的重复次数。其语法结构为：

For 计数变量＝初值 To 终值［Step 步长值］

<循环体语句>

［Exit For］

Next［计数变量］

其执行过程是计数变量由初值开始执行循环体，遇到 Next 语句则将计数变量加上步长值，判断计数变量的值是否已经超过终值，不超过则继续执行循环，否则退出循环，执行 Next 语句的下一条语句。步长值缺省为 1，步长的参数可以是正数和负数。在循环体中可加入 Exit For 语句强制退出该循环。

例：for a＝2 to 20 step 2

print a

next

三、实验内容

1. 建立一个 VB 应用程序：输入一个数，判断这个数的奇偶性。

2. 建立一个 VB 应用程序：利用随机数函数模拟投币，方法是：每次随机产生一个 0 或 1 的整数，相当于一次投币，1 代表正面，0 代表反面。

要求：

在窗体上有三个文本框，名称分别是"Text1""Text2""Text3"，分别用于显示用户输入投币总次数、出现正面的次数和出现反面的次数。随机产生 0 或 1 的整数的表达式为：Int（Rnd * 2）。

四、实验步骤

1. 分支结构的应用：判断数的奇偶性

（1）新建工程。

（2）界面设计：在窗体上添加一命令按钮"Command1"，修改其 Caption 属性值为"奇偶数判断"。

（3）编写代码。

```
Private Sub command1_click( )
    Dim a As Integer
    A = InputBox("输入一个数")
    If a mod 2 = 1 Then
        MsgBox a & "是奇数"
    Else
        MsgBox a & "是偶数"
    End lf
End Sub
```

（4）运行程序。

单击【Command1】按钮，在弹出的对话框中输入"32"，单击【确定】按钮，消息框提示"32 是偶数"，如图 1-20 所示。

图 1-20　程序运行结果

（5）保存文件。

选择【文件】→【保存工程】菜单命令，或单击工具栏中的【保存工程】按钮，将窗体文件保存在 E 盘的 VBSY 文件夹下并起名为"Vbsy4_ 5. frm"，此时，系统会继续提示保存工程文件，将工程文件也保存在 E 盘的 VBSY 文件夹下并起名为"Vbsy4_

5. vbp"。

2. 循环结构的应用：随机数函数模拟投币

（1）设计界面

在窗体上添加三个标签、三个文本框和一个命令按钮。

（2）设置属性

属性设置如表1-2所示。

表1-2   属性设置

对象	属性	属性值
Label1	Caption	投币总次数
Label2	Caption	正面次数
Label3	Caption	反面次数
Text1	Text	
Text2	Text	
Text3	Text	
Command1	Caption	开始

窗体中各个控件的属性按照表1-2进行设置，属性设置后的界面如图1-21所示。

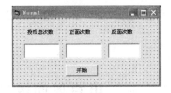

图1-21 设计界面

（3）编写代码

```
Private Sub Command1_Click( )
    Randomize
    n = Val( Text1. Text )
    n1 = 0
    n2 = 0
    For i = 1 To n
        r = Int( Rnd * 2 )
        If r = 1 Then
            n1 = n1 + 1
        Else
            n2 = n2 + 1
        End If
    Next
```

```
        Text2. Text = n1
        Text3. Text = n2
End Sub
```

（4）运行程序

运行程序，在文本框"Text1"中输入总次数，然后单击【开始】按钮，按照输入的次数模拟投币，分别统计出现正面、反面的次数，并显示结果。运行界面如图 1-22 所示。

图 1-22　程序运行界面

（5）保存文件

选择【文件】→【保存工程】菜单命令，或单击工具栏中的【保存工程】按钮，将窗体文件保存在 E 盘的 VBSY 文件夹下并起名为"Vbsy4_ 6. frm"，此时，系统会继续提示保存工程文件，将工程文件也保存在 E 盘的 VBSY 文件夹下并起名为"Vbsy4_ 6. vbp"。

实验五　用户界面设计

一、实验目的

1. 掌握 VB6. 0 窗体的常用属性、常用事件和重要方法。
2. 掌握在 Visual Basic6. 0 窗体上生成控件的方法。
3. 掌握设置启动窗体的方法。
4. 学会添加多个窗体。

二、实验原理

1. 多窗体

多窗体指的应用中有多个窗体，它们之间没有绝对的从属关系。每个窗体的界面设计与单窗体的完全一样，只是在设计之前应先建立窗体，这可以通过菜单"工程"/"添加窗体"命令实现。程序代码是针对每个窗体编写的，当然，应注意窗体之间存在的先后顺序和相互调用的关系。所以，多重窗体实际上是单一窗体的集合，而单一窗体是多重窗体程序设计的基础。

（1）加载窗体

加载窗体使用 Load 语句。

格式：IJoad<窗体名>

功能：加载窗体到内存。

说明：加载窗体只是将这个窗体对象装入内存，但并不显示这个窗体对象。此语句只是需要在初始化时加载所有的窗体并在以后需要它们的时候显示。当 VB 加载窗体时，先把窗体的各属性设置为初始值，再执行 Load 事件。

（2）显示窗体

显示一个窗体就要把它的 Visible 属性设置为"True"。显示一个窗体还可以用窗体对象的 Show 方法。

格式：［窗体名.］Show

功能：将窗体显示在屏幕上。

说明：如果在调用一个窗体的 Show 方法时，指定的窗体尚未加载，VB 将自动装载该窗体。

（3）隐藏窗体

把一个窗体的 Visible 属性设置为"False"或使用 Hide 方法，就可以把窗体隐藏。

格式：［窗体名.］Hide

功能：将窗体隐藏起来。

说明：隐藏窗体并不把窗体从内存中卸载，只是变得不可见。在使用 Visible 属性或 Hide 方法隐藏窗体时，如果窗体尚未加载，则 VB 会加载该窗体，但不会让它显示出来。

（4）卸载窗体

窗体用完后可以卸载窗体，要用 unload 语句。unload 语句的语法格式与 Load 语句相同。

格式：unLoad<窗体名>

功能：将窗体从内存中卸载下来。

说明：当卸载一个窗体时它的子窗体也会被卸载。

三、实验内容

建立一个 VB 应用程序：用户登录界面的设计。

要求：创建一个工程，由三个窗体组成。"Form1"用于输入用户名和口令，当输入正确时单击【确定】按钮显示"Form2"，当输入出错时则显示"Form3"，单击【退出】按钮结束程序；"Form2"中用文本框显示系统信息，单击【返回】按钮回到"Form1"；"Form3"为退出窗体，单击窗体则结束程序。

四、实验步骤

1. 创建三个窗体

创建一个工程后，会出现默认窗体"Form1"，选择【工程】菜单的【添加窗体】

命令，添加两个窗体，窗体的名称按添加顺序分别为"Form2"和"Form3"。

2. 设置启动窗体

本程序的启动窗体是"Form1"，设置启动窗体的步骤如下：

（1）选择【工程】菜单的【工程 1 属性】命令；

（2）在弹出的对话框中选择"通用"选项卡；

（3）单击【启动对象】列表框的下拉箭头，从中选择"Form1"，如图 1-23 所示；

（4）单击【确定】按钮。

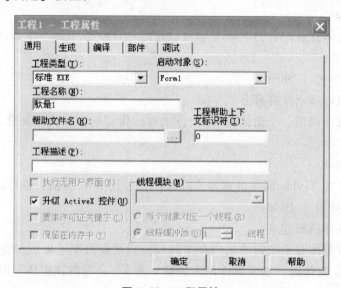

图 1-23 工程属性

3. 界面设计

（1）窗体"Form1"有两个标签、两个文本框、两个命令按钮。

（2）窗体"Form2"有一个标签、一个文本框和一个命令按钮。

（3）窗体"Form3"有一个标签。

4. 设置属性

窗体控件属性设置如表 1-3 所示。

表 1-3　　　　　　　　　　　　　　窗体控件属性设置

窗体名	控件	名称（Name）	属性	属性值
Form1	标签	Label2	Caption	用户名：
	标签	Label3	Caption	密码：
	文本框 文本框	Text1 Text2	PasswordChar	*
			Text	
	命令按钮	Command1	Text	登录
	命令按钮	Command2	Caption	取消
			Caption	

表1-3(续)

窗体名	控件	名称（Name）	属性	属性值
Form2	标签	Label1	Caption	系统信息：
	文本框	Text1	Text	
	命令按钮	Command1	Multiline	True
			Locked	True
			Scrollbars	2-Vertical
			Caption	返回
Form3	窗体	Form3	Picture	图形文件
	标签	Label1	Caption	对不起，你无权访问系统信息！
			BackStyle	0-Transparent

窗体中各个控件的属性按照表1-3进行设置，属性设置后的界面分别如图1-24、图1-25、图1-26所示。

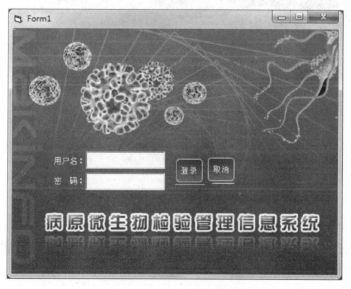

图1-24 Form1界面设计

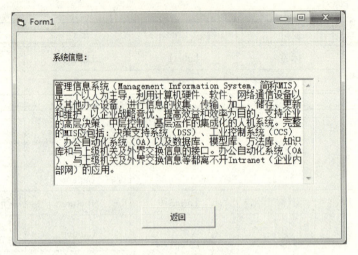

图 1-25　Form2 界面设计

图 1-26　Form3 界面设计

5. 编写代码

（1）在窗体"Form 1"的文本框输入用户名和口令，单击确定按钮，当用户名为"lx"并且口令为"1234"则显示窗体"Form 2"，否则显示窗体"Form 3"，单击【退出】按钮结束程序，代码编写如下：

```
Private Sub Command1_ Click （）
    If Text1. Text = "lx" And Text2. Text = "1234" Then
        Form2. Show
    Else
        Form3. Show
    End If
    Form1. Hide
End Sub
```

```
Private Sub Command2_ Click （）
End
End Sub
```

（2）在窗体"Form 2"中单击【返回】按钮，卸载"Form2"并显示"Form1"，代码如下：

```
Private Sub Command1_ Click （）
  Form1. Show
  Unload Me
End Sub
```

（3）在"Form3"中显示图片，在"Form3"中单击窗体，卸载"Form3"，代码如下：

```
Private Sub Form_ Click （）
  Unload Me
  End
End Sub
```

6. 保存和运行

单击【文件】菜单，选择【保存工程】命令来保存工程和窗体"Form1""Form2""Form3"。

实验六　数据库基本操作

一、实验目的

1. 掌握数据库的基本概念。
2. 掌握数据库管理器的使用。
3. 掌握 Data 数据控件的使用。
4. 熟悉 ADO 数据控件的使用。
5. 掌握使用代码操作数据库。

二、实验原理

1. 数据库软件 Visual Foxpro

数据库软件 Visual Foxpro 的简称为 VFP，是数据库管理系统、集成编程语言，是开发小型数据库的前端工具。Visual Foxpro 中的 Visual 的意思是"可视化"，该技术使得在 Windows 环境下设计的应用程序达到即看即得的效果。Visual Foxpro 面向对象的开发环境使得无论是组织信息、运行、查询、创建集成的关系型数据库系统，还是编写数据库管理应用程序，都变得十分轻松。

2. Access 数据库

Access 数据库是美国 Microsoft 公司于 1994 年推出的微机数据库管理系统。它具有界面清晰、易学易用、开发简单、接口灵活等特点，是典型的新一代桌面数据库管理系统。

3. ADO 数据库引擎

ADO 数据库引擎提供了编程语言 VB 和统一数据访问方式 OLE DB 的一个中间层。它允许 VB 开发人员编写访问数据的代码而不用关心数据库是如何实现的，而只用关心到数据库的连接。

三、实验内容

1. 利用 VFP 或 Access 建立一个数据库 stud. mdb。
2. 建立一个 VB 应用程序：数据库记录集的操作方法。

四、实验步骤

1. 创建数据库 stud. mdb

通过 "Microsoft Access" 或 "Visual Foxpro6.0" 和 VB6 中的 "可视化数据库管理器" 分别建立数据库 stud. mdb，其中有一个数据表 "student"，该数据表的结构如下表1-4所示：

表 1-4 　　　　　　　　　　　　　数据表 student 属性设置

字段名	类型	长度
学号	String	7
班级	String	8
姓名	String	8
性别	String	2
年龄	Integer	
出生日期	Date/Time	
婚否	Boolean	
简历	备注	

在建好的数据表中输入三条记录，如表 1-5 所示：

表 1-5 　　　　　　　　　　　　　具体数据

学号	班级	姓名	性别	年龄	出生日期	婚否	简历
022101	1	龚雯旖	女	19	1993-1-5	False	Gen
022102	1	刘世清	男	20	1992-2-15	False	Gen
022103	1	唐小青	女	19	1993-7-6	False	Gen

利用 Access2007 数据库建立该数据表"student"，如图 1-27 所示：

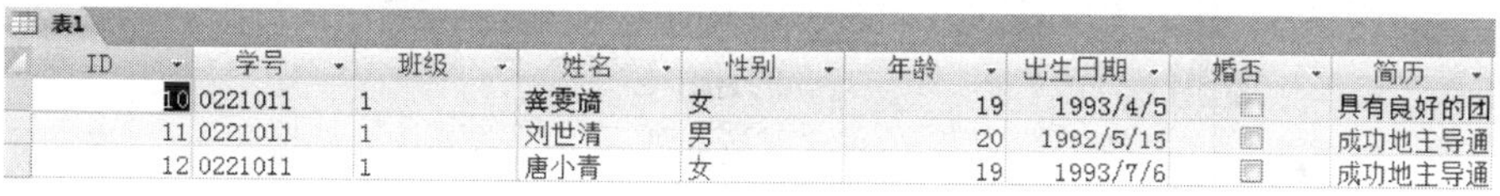

ID	学号	班级	姓名	性别	年龄	出生日期	婚否	简历
10	0221011	1	龚雯婧	女	19	1993/4/5	☐	具有良好的团
11	0221011	1	刘世清	男	20	1992/5/15	☐	成功地主导通
12	0221011	1	唐小青	女	19	1993/7/6	☐	成功地主导通

图 1-27　student 数据库表

2. 数据库记录集的操作方法

（1）界面设计

利用数据库记录集的操作方法实现显示、修改、添加和删除记录的功能。程序界面如图 1-27 所示。

（2）属性设计

界面控件属性设置如表 1-6 所示。

表 1-6　　　　　　　　　　界面控件属性设置

对象	属性	属性值	对象	属性	属性值
Label1	Caption	学号：	Text1	Text	
Label2	Caption	姓名：	Text2	Text	
Label3	Caption	年龄：	Text3	Text	
Label4	Caption	班级：	Text4	Text	
Label5	Caption	性别：	Text5	Text	
Label6	Caption	生日：	Text6	Text	
Label7	Caption	婚否：	Text7	Text	
Label8	Caption	简历	Text8	Text	
Command1	Caption	第一条	Command5	Caption	添加
Command2	Caption	上一条	Command6	Caption	删除
Command3	Caption	下一条	Command7	Caption	修改
Command4	Caption	末一条	Command8	Caption	退出

窗体中各个控件的属性按照表 1-6 进行设置，属性设置后的界面如图 1-28 所示。

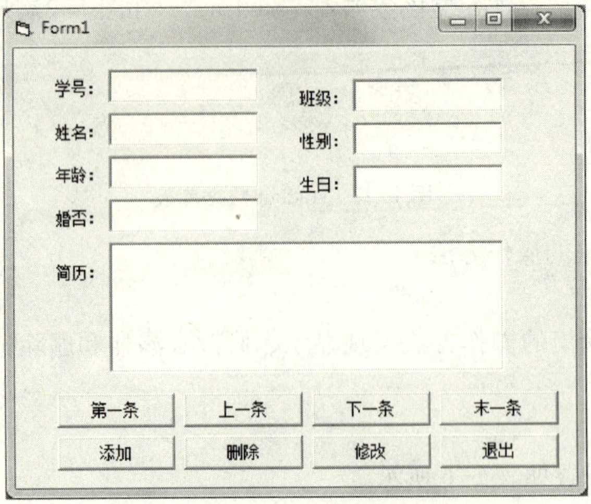

图 1-28 数据控件使用界面

（3）编写代码

```
Private Sub Command1_ Click ( )
    If Data1. Recordset. RecordCount <> 0 Then
        Data1. Recordset. MoveFirst
    End If
    ListRec
End Sub


Private Sub Command2_ Click ( )
    If Not Data1. Recordset. BOF Then
        Data1. Recordset. MovePrevious
    End If
    ListRec
End Sub


Private Sub Command3_ Click ( )
    If Not Data1. Recordset. EOF Then
        Data1. Recordset. MoveNext
    End If
    ListRec
End Sub


Private Sub Command4_ Click ( )
    If Data1. Recordset. RecordCount <> 0 Then
        Data1. Recordset. MoveLast
```

```
        End If
      ListRec
    End Sub


  Private Sub Command5_ Click ( )
    Data1. Recordset. AddNew
    Data1. Recordset. Fields ( 0 ) = Text1. Text
    Data1. Recordset. Fields ( 1 ) = Text2. Text
    Data1. Recordset. Fields ( 2 ) = Text3. Text
    Data1. Recordset. Fields ( 3 ) = Text4. Text
    Data1. Recordset. Fields ( 4 ) = CInt ( Text5. Text )
    Data1. Recordset. Fields ( 5 ) = CDate ( Text6. Text )
    Data1. Recordset. Fields ( 6 ) = CBool ( Text7. Text )
    Data1. Recordset. Fields ( 7 ) = Text8. Text
    Data1. Recordset. Update
    ListRec
  End Sub


  Private Sub Command6_ Click ( )
    If Not Data1. Recordset. EOF And Not Data1. Recordset. BOF Then
        Data1. Recordset. Delete
    End If
    ListRec
  End Sub


  Private Sub Command7_ Click ( )
    If Not Data1. Recordset. EOF And Not     Data1. Recordset. BOF Then
        Data1. Recordset. Edit
        Data1. Recordset. Fields ( 0 ) = Text1. Text
        Data1. Recordset. Fields ( 1 ) = Text2. Text
        Data1. Recordset. Fields ( 2 ) = Text3. Text
        Data1. Recordset. Fields ( 3 ) = Text4. Text
        Data1. Recordset. Fields ( 4 ) = CInt ( Text5. Text )
        Data1. Recordset. Fields ( 5 ) = CDate ( Text6. Text )
        Data1. Recordset. Fields ( 6 ) = CBool ( Text7. Text )
        Data1. Recordset. Fields ( 7 ) = Text8. Text
        Data1. Recordset. Update
    End If
```

```
        ListRec
    End Sub


Private Sub Command8_ Click ( )
    End
End Sub


Private Sub ListRec ( )
    If Not Data1. Recordset. EOF And Not Data1. Recordset. BOF Then
        Text1. Text = Data1. Recordset. Fields (0)
        Text2. Text = Data1. Recordset. Fields (1)
        Text3. Text = Data1. Recordset. Fields (2)
        Text4. Text = Data1. Recordset. Fields (3)
        Text5. Text = Data1. Recordset. Fields (4)
        Text6. Text = Data1. Recordset. Fields (5)
        Text7. Text = Data1. Recordset. Fields (6)
        Text8. Text = Data1. Recordset. Fields (7)
    End If
End Sub


Private Sub Form_ Load ( )
    Data1. DatabaseName = "stud. mdb"
    Data1. RecordSource = "student"
    Data1. Refresh
    If Data1. Recordset. RecordCount <> 0 Then
        Data1. Recordset. MoveLast
        Data1. Recordset. MoveFirst
    End If
    ListRec
End Sub
```

（4）运行程序

运行程序，单击【第一条】按钮，则在相应的文本框中，显示数据表中的相关信息，当点击下一条的时候信息实现更新。运行界面如图 1-29 所示。

图 1-29 数据浏览界面

实验七 管理信息系统的可行性分析

一、实验目的

1. 掌握可行性分析的原理和方法，加深对相关知识的理解。
2. 掌握可行性分析报告的内容。
3. 使用可行性分析的原理和方法对本组的选题进行可行性分析。

二、实验原理

1. 可行性分析的任务

通过了解用户的要求及现实环境，从技术、经济和社会因素等方面研究并论证本软件项目的可行性，编写可行性研究报告，制订初步项目开发计划。

2. 可行性分析的作用

（1）是确定项目开发的依据；

（2）是划定下阶段工作范围、编制工作计划、协调各部门活动的依据；

（3）是分配资源的依据；

（4）是管理信息系统开发的准则。

3. 可行性分析的步骤

（1）对用户需求及现实环境进行调查；

（2）在调查研究基础上编写有关用户提出问题的书面材料；

（3）依据书面材料及有关资料对待开发的管理信息系统从经济、技术、操作、进度、社会因素的方面进行可行性研究，写出可行性研究报告；

（4）评审和审批，决定项目是取消还是继续；

（5）若项目可行，则制订初步的项目开发计划，根据需要签署开发合同。

4. 可行性分析的内容

概述；可行性分析的前提；对现行系统的分析；建议的系统；投资及效益分析；社会条件方面的可行性；结论。

三、实验内容

可从以下题目中任选一题，也可自选题目，进行调查分析，完成可行性分析报告。

（1）图书管理系统。

（2）学生信息管理系统。

（3）人事管理信息系统。

（4）酒店管理信息系统。

（5）超市连锁店管理信息系统。

四、实验步骤

1. 确定选题中所涉及的系统的背景。

2. 确定系统的主要功能和性能要求。

3. 结合现有系统以及对新系统的要求，对系统进行可行性分析。

4. 提出若干个系统实现方案。

5. 编写可行性分析报告。

可行性分析报告示例——学生成绩管理信息系统可行性分析报告。

学生成绩管理信息系统可行性分析报告

一、引言

1. 编写目的

建立一个学生成绩管理系统，传统的手工方式容易使数据丢失，在统计时易发生错误且速度慢，而用计算机可以提高工作速度以及数据的准确性，便于管理。在计算机联网后，数据在网上传递，可以实现数据共享，避免重复劳动。学生成绩管理系统以计算机为工具，通过对教务管理所需的信息管理，把管理人员从繁琐的数据计算处理中解脱出来，使其有更多的精力从事教务管理政策的研究实施、教学计划的制订执行和教学质量的监督检查，为老师节省很多时间跟精力，提高老师的工作效率。希望通过本程序给学校管理者减轻工作的负担，也为了将工作的失误几率降到最低，为广大老师同学带来便利，使大家能够更好的投入到学习中。同时本程序的目标还有：减少人力与管理费用；提高信息准确度；建立更简便、信息化程度更高的学生信息管理系统。

2. 项目背景

为了改变现在学生成绩管理系统的不便以及繁琐的工作量，节省教学资源，提高工作效率，开发一个学生成绩管理系统。

3. 术语说明

无

4. 参考文献

（1）张海藩. 软件工程导论［M］. 5 版. 北京：清华大学出版社，2009.

（2）王珊，萨师煊. 数据库系统概论［M］. 4 版. 北京：高等教育出版社，2006.

（3）秦敬祥，文东. ASP. NET 程序设计基础与项目实训 ［M］. 北京：中国人民大学出版社，2011.

二、现行系统调查

现有系统存在着数据不易更新、容易丢失、容易出错、查询效率低、业务人员工作强度大、储户等待服务时间长等缺点。

三、新系统概述

（1）功能：本网站应该实现学生成绩信息的管理与查询，具体包括学生信息查询，如姓名、院系、专业、学号、班级、所学课程成绩、学年、学分、学期及该门课程的考试类型、课程类型、成绩总学分、总绩点和平均绩点等；还可以对以上信息进行修改、删除和添加。另外还要做到可以对学生成绩信息以及成绩信息查询和维护。对于老师需要做到信息查询，如姓名、院系、教师号、所带班级、所教课程，能够修改个人信息与密码，能够查询并给所教学生打分。

（2）性能：查询效率尽可能做到精准，信息维护功能做到简单易用，不需对人员进行过多的培训。

（3）输入：对于查询功能，应做到可以单条件和组合条件输入；对于维护功能，要有输入、修改学生信息和成绩的功能。

（4）输出：能按要求在显示器上显示所需内容并能打印成有条理的表格，没有多余的内容，也没有重复的现象。

（5）安全与保密：对于不同权限用户，设置不同权限，对重要数据可以考虑加密存储。考虑到数据保存，条件允许的情况下可以让系统定时自动保存，省去手工保存的繁杂程序。

（6）完成期限：2 个月。

四、可行性综合评述

1. 经济可行性

（1）支出

·基建投资

硬件设备：PC 机。

软件：Windows98/2000，VB 6.0。

·其他一次性支出

软件设计和开发费用。

·经常性支出

软件维护费用。

（2）效益

实现业务电算化，减少人力投资和办公费用，提高工作效率。

（3）投资回收周期

根据经验算法，收益的累计数开始超过支出的累计数的时间为两年。

2. 技术可行性

（1）对目标系统的简要描述

系统采用常规的数据库管理方法。

（2）流程图

根据业务流程调查，可以知道数据之间的关系如下图所示。

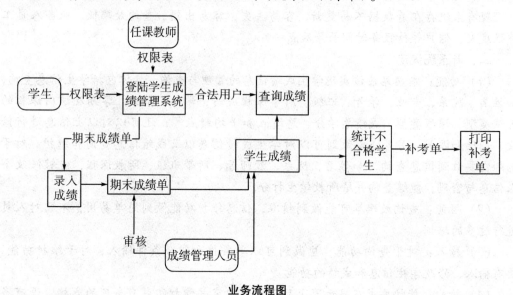

业务流程图

（3）与现有系统进行比较

系统有利于数据集中，时空利用率高，易更新，易备份，查询速度快，响应速度快，基本消除了现有系统的种种缺陷，更为广大教师和管理人员所接受。

（4）采用系统可能带来得好处

系统极大提高了用户查询相关信息的命中率，有利于决策优化和提高工作效率。系统是一个数据库管理系统，当今数据库技术较为成熟，利用现有技术应该可以达到功能目标。考虑到开发期限较为宽裕，预计可以在规定的时间内完成软件的开发。

3. 管理可行性

（1）法律方面的可行性

新系统（目标系统）的研制和开发，将不会侵犯他人、集体和国家利益，不会违反国家政策合法律。

（2）使用方面的可行性

新系统（目标系统）的研制和开发已充分考虑了学生成绩管理的各方因素，能满足使用要求。

五、结论

综上所述，系统的开发和研制可以开始进行。

实验八　管理信息系统的系统分析

一、实验目的

1. 能够运用系统分析的方法，结合选择的系统，完成该系统的系统分析工作。

2. 熟悉并掌握业务流程图、数据流程图、数据字典等的绘制。

3. 树立正确的系统分析思想，培养分析问题、解决问题的能力，提高资料查询和文档撰写的能力。

二、实验原理

1. 系统分析的主要任务

系统分析是在总体规划的指导下，对系统进行深入详细的调查研究，确定新系统的逻辑模型的过程。

系统分析的主要任务是定义或制定新系统应该"做什么"的问题。

2. 系统分析的步骤

现行系统的详细调查→组织结构与业务流程分析→系统数据流程分析→建立新系统的逻辑模型→提出系统分析报告。

三、实验内容

结合上一个实验（可行性分析）所选择的系统，进行调查分析，完成系统分析报告。

四、实验步骤

1. 根据所选系统，完成对该系统的详细调查，明确系统对应的组织结构、功能结构，并绘制相应图表。

2. 对系统的业务流程进行分析，并绘制出相应图表。

3. 对系统的数据流程进行分析，并绘制出相应图表。

4. 编写系统分析报告。

系统分析报告示例——学生成绩管理信息系统分析报告。

学生成绩管理信息系统分析报告

一、引言

随着学校规模的不断扩大，专业、班级、学生的数量急剧增加，有关学生各门课程的成绩的各种信息量也成倍增长，学生成绩管理操作重复工作较多，工作量大，因此，需要建立学生成绩管理系统来提高工作的效率。基于互联网的学生成绩管理系统，在学生成绩的规范管理、科学统计和快速查询方面具有较大的实用意义，提高了信息的开放性和查询的快速性，使学生信息更加系统化，信息更加精确化，使管理人员管理更加方便，最大化地满足工作的需求。

学生成绩管理系统的建立，在学生查询成绩的规范管理、科学统计和快速查询方面具有较大的实用意义，它提高了信息的开放性，大大改善了学生对其最新信息查询的准确性。学生成绩管理系统有查找方便、可靠性高、存储量大、易操作、保密性好、信息保存时间长等优点，它能极大地提高老师对学生成绩信息管理的效率。

二、现行系统概况

1. 组织结构调查

现有学生成绩管理工作人员 2 名，负责审核、统计每学期不及格学生的信息，对要留级的、退学的学生进行核查，确保教师录入成绩的准确性，防止学生修改成绩；任课教师若干名，负责录入学生成绩；辅导员若干名，负责对班级成绩进行汇总，以方便班级管理与分析。

2. 费用调查

现有学生管理系统内部人员 6 人，6 人每月工资大约 12 000 元左右。

3. 计算机应用情况调查

现有六台计算机，基本上都处于可运行状态。

4. 现行系统存在的主要问题和薄弱环节

各个院系各类科目太多，尤其是到期末考试以后，大概都在差不多同一个时间出成绩，系统繁忙，登录访问人次多，系统响应时间慢。对访问权限以及数据的加密处理、数据的维护方面可能会有很大的考验。

三、新系统逻辑设计

1. 业务流程分析

通过对学生成绩管理业务的调查分析，弄清了学生成绩管理系统的业务流程和管理功能，系统的部分业务流程图如图 1-1、图 1-2 所示。

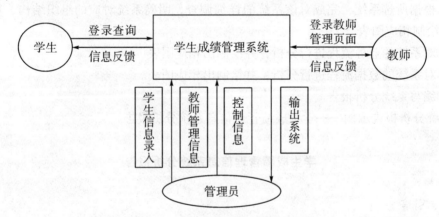

图 1-1　系统部分业务流程图（一）

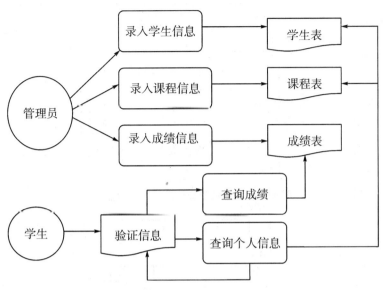

图1-2 系统部分业务流程图（二）

2. 管理功能图

从业务流程图可以看出，学生成绩管理系统中分为三个模块：系统管理员模块、教师模块、学生模块。其主要管理功能有：

（1）系统管理员功能

系统管理员进入学生成绩管理系统的主要功能是：实现管理员用户的添加、修改和删除，以及教师添加、教师修改、教师删除、教师查询、学生的添加、学生的修改、学生的查询等基本功能，并且参与开设课程、选择课程的管理，安排教师的任课和学生的选课工作，管理员为每门课程设置一个学分，每门课程可以是必修或选修，如果学生及格，学生将获得该课程学分。

（2）教师功能

教师进入学生成绩管理系统的主要功能是：各科教师登录系统后查询和修改个人信息、修改自己的账号密码、查询自己的授课课程，实现对选修了自己课程的学生的成绩进行查询、录入和修改，各科老师可以在自己学生选修课程结束后给予分数，同时可以对自己所带课程的成绩优秀人数、及格人数和不及格人数的分布信息进行查询。

（3）学生功能

学生进入学生成绩管理系统的主要功能是：每个学生登录系统后可以查询和修改个人信息、修改自己的账号密码，以及查询自己所选课程任课老师的个人信息，同时在课程结束后可以查询在校期间各个时间段选修课程的成绩与学分，以及对单科成绩和总分的排名查询。

学生成绩管理系统按其功能分为管理员子系统、教师子系统和学生子系统，每一个子系统下又有相应的小系统，所以学生成绩管理系统的各功能模块如图1-3、图1-4、图1-5、图1-6所示。

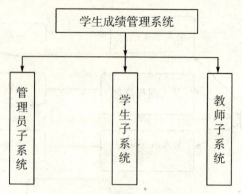

图 1-3　学生成绩管理系统管理功能图

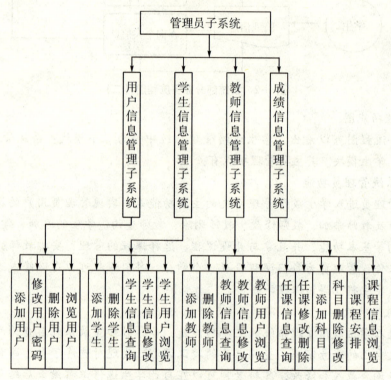

图 1-4　管理员子系统管理功能图

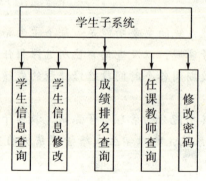

图 1-5　学生子系统管理功能图

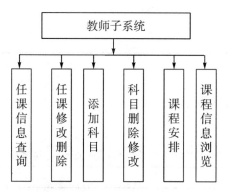

图 1-6 学生子系统管理功能图

3. 数据流程图

数据流程如图 1-7、图 1-8 所示。

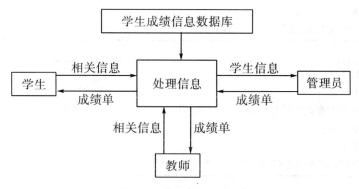

图 1-7 底层数据流程图

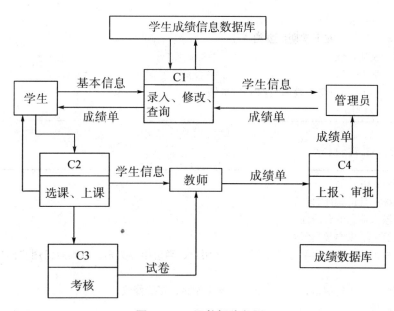

图 1-8 二层数据流程图

4. 数据词典

(1) 数据流的描述

数据流编号：1
数据流名：录入信息
简述：用于写入学生各科成绩
数据流来源：密码检验
数据流去向：成绩登记
数据流项组成：录入信息＝学生学号＋学生姓名＋性别＋班级＋各科成绩

数据流编号：2
数据流名：成绩写入记录库
简述：用于学生成绩写入
数据流来源：成绩登记
数据流去向：成绩写入记录
数据流项组成：成绩写入记录＝各科成绩

数据流编号：3
数据流名：查询结果
简述：用于显示学生查询的信息结果
数据流来源：学生信息查询
数据流去向：学生
数据流组成：查询信息＝学生信息＋各科成绩

数据流编号：4
数据流名称：成绩表
简述：学生成绩通知，在下学期前发给学生
数据流来源：成绩管理
数据流去向：学生
数据项组成：学生学号＋学生姓名＋课程名＋成绩
数据流量：1 张/学期

(2) 处理逻辑的描述

处理逻辑编号：01
处理逻辑名称：身份验证
简述：检查输入信息的合法性
输入的数据流：学生学号＋密码
处理过程：根据输入的学生学号和密码，检索用户、确定用户类别，以确定该用户的权限，显示查询信息
输出的数据流：学生选课信息，学生成绩，学生学籍，密码修改
处理频率：频繁

处理逻辑编号：02

处理逻辑名称：查询登记

简述：查询专业表及课程表、成绩表

输入的数据流：教师姓名+教师编号+密码

处理过程：根据输入的信息，确定用户类别；根据用户类别，显示查询信息

输出的数据流：学生成绩，班级表，课程表

处理频率：频繁

（3）数据存储描述

数据存储编号：001

数据存储名称：学生表

简述：登记学生信息

数据存储组成：学生学号+学生姓名+性别+班级+专业+系部

相关联的处理：成绩管理，课程管理

数据存储编号：002

数据存储名称：管理员表

简述：增加、修改、查询学生学籍

数据存储组成：学生学号+身份证号+高考号+姓名+性别+家庭住址+系部班级

相关联的处理：学籍管理，成绩管理，课程管理

数据存储编号：003

数据存储名称：教师表

简述：教师上课安排

数据存储组成：教师姓名+所教课程+上课班级

相关联的处理：课程管理

数据存储编号：004

数据存储名称：学生选课表

简述：学生选课课程信息存储

数据存储组成：学生姓名+系部班级+课程名称+课程编号+学生学号

相关联的处理：课程管理，成绩管理

数据存储编号：005

数据存储名称：学生成绩表

简述：存放学生各科考试成绩

数据存储组成：学生姓名+学生学号+系部班级+课程名称+课程编号

相关联的处理：课程管理，成绩管理

四、实施计划

1. 工作任务分解

首先进行后台管理的设计与实现，然后再设计、完成前台客户服务端系统的功能的实现，最后对系统进行调试、试运行、找出问题，并计划后期的系统维护等问题。

2. 进度

整个系统从项目建立到完成，投入运行不得超过六个月。

实验九　管理信息系统的系统设计

一、实验目的

1. 能够运用系统设计的方法，结合选择的系统，完成该系统的系统设计工作。
2. 熟悉并掌握代码设计、数据存储设计、输入输出设计等的知识，并编制相应文档。
3. 树立正确的系统设计思想，培养分析问题、解决问题的能力，提高资料查询和文档撰写的能力。

二、实验原理

1. 系统设计的主要任务

这个阶段的任务是设计软件系统的模块层次结构、设计数据库的结构以及设计模块的控制流程，其目的是明确软件系统"如何做"。

2. 系统设计的主要内容

（1）系统总体结构设计；

（2）代码设计；

（3）数据库（文件）设计；

（4）输入/输出设计；

（5）处理流程设计；

（6）程序流程设计；

（7）系统设计文档。

三、实验内容

结合上一个实验（系统分析）的实验结果，进行系统设计，完成系统设计说明书。

四、实验步骤

1. 根据上一个实验结果（系统分析报告），进行系统设计，包括代码设计、数据存储设计、输出输入设计等。

2. 编写系统设计报告。

系统设计报告示例——学生成绩管理信息系统设计报告。

学生成绩管理信息系统设计报告

一、引言

一直以来人们使用传统的人工方式管理学生成绩，对于学生成绩的管理过程，想必大家都已很熟悉。在计算机尚未广泛使用之前，学生成绩的管理主要依靠人工。一个最典型的学生成绩管理过程就是：工作人员把每个同学的成绩先写下来，然后按照学生的分数来进行各种操作，最后得到我们所需要的最终结果。

以上所描述的手工过程的不足之处显而易见，首先各种排序工作非常困难，当学生人数较多时会使工作的难度加大；并且在工作过程中，会经常出现成绩排错、记混等问题。

为提高学生成绩管理效率，减少老师的工作负担，有必要开发一个小型学生成绩管理软件来对学生的成绩实施有效管理。该系统必须具备以下功能：①输入学生成绩；②删除学生成绩；③学生成绩排序；④学生成绩查询；⑤学生成绩清单。这样不仅能较好地帮助老师在最短的时间内处理完学生的成绩，而且能让学生很好地查询自己的成绩。

二、系统总体设计方案

1. 功能结构设计

（1）功能模块设计

学生成绩管理系统功能如图1-1所示。

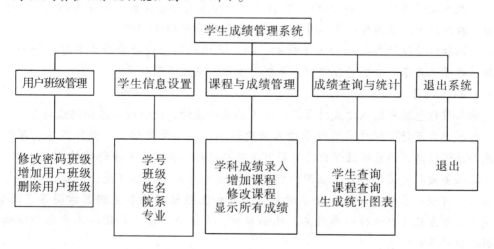

图1-1 学生成绩管理系统功能图

（2）功能模块说明

·用户管理和班级管理

通过验证用户的使用权限及进行数据的导入、导出工作；对班级的管理。

·学生信息设置

对与学生相关信息的录入。

·课程与成绩设置

各门课程所属学院及相关学分设置；学生成绩的录入。

·成绩查询与统计

按要求查询成绩；进行图表的统计。

成绩审核业务，就单据格式是否规范和填写数据是否与实物数量相符的审核在系统中仍由人工完成，对成绩单上填写的学生人数量大于实际学生成绩数量的情况可在成绩录入过程中自动审核，并拒绝该成绩单。

数据录入模块用于录入学生名单和成绩单，它是学生成绩管理系统的基本数据输入的模块，它根据各科教师送来的成绩单，记录学生的成绩数据。

为方便学校各级管理人员及时了解、掌握各学院的学生成绩，新系统特别设计了数据查询模块，并提供多种查询功能，各学院每个学生每学期的成绩都可查询。

报表输出模块可以完成系统所需的各种报表的计算和打印输出，可输出学生成绩表等。

2. 代码设计

在学生成绩管理系统中，核心功能是成绩添加、删除、修改、成绩查询和成绩发布，这些操作需要对数据库进行访问。

学生成绩管理系统中代码设计有三个：学生学号、教师编号、课程编号。

·学生学号设计为：×××××××××××。将学号分为四部分，前两位为入学系别号，次两位为专业号，剩余为学号编码，范围为：系别号 01～15，专业号为 01～13，学号为 000001～900000。

·教师编号设计为：××-×××。将教师编号分为两部分，第一部分为系别号，第二部分为教师编号，范围为：系别号 01～15，教师编号为 000～999。

·课程编号设计为：××-××-××-××-××。将课程编号设计分为五部分，每个部分用两位数字来表示，分别对应级别、系别、专业、班级、课程号。

3. 输入设计

输入设计包括对输入方式的设计、输入界面的设计，还有输入验证的设计等。

输入方式设计：用户采用键盘输入必要信息，包括学生信息、教师信息、课程表信息和选课信息，当系统显示出信息后可用鼠标进行选择信息和事件的触发。

输入差错控制设计：为了让用户能正确的输入内容，应尽可能少地让用户进行输入操作，可以让系统自动添加登录时间，并且加上验证功能和差错异常提示。比如：可用下拉列表让用户选择一些信息，比如日期、系别等。当用户输入用户名和密码错误时给出必要的信息提示。

输入界面设计：当用户需要添加用户信息、添加成绩信息和课程信息的时候就需要有简单明了的输入界面让用户输入相关信息，本系统提供的输入界面主要有添加学生信息界面、添加教师信息界面、添加学生成绩界面和添加课程信息界面。用户可以根据界面提示输入信息。

4. 输出设计

当用户需要做总结工作时，或者是要查询信息时，我们就要有一定的输出功能让用户得到一些报表清单。本系统主要提供成绩发布表和学生信息表。

5. 界面设计（部分展示）

（1）登录界面

登录界面如图 1-2 所示。

图 1-2　登录界面

（4）主界面

系统主界面如图 1-3 所示。

图 1-3　系统主界面

（5）操作界面

操作界面如图 1-4 所示。

图 1-4　系统操作界面

6. 数据存储设计

（1）局部 E-R 图

学生成绩 E-R 图：用于说明学生实体的所有属性，如图 1-5 所示。

图 1-5　学生成绩 E-R 图

学生信息 E-R 图：用于描述学生基本信息，如图 1-6 所示。

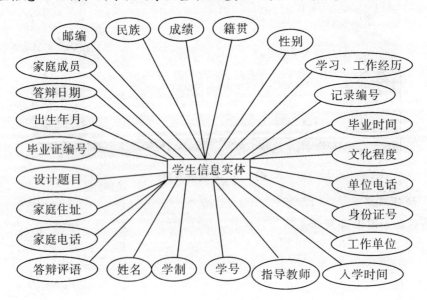

图 1-6　学生信息 E-R 图

（2）全局 E-R 图

全局 E-R 图：用于描述系统中所出现的所有实体、主要实体的属性及实体间的关系，如图 1-7 所示。

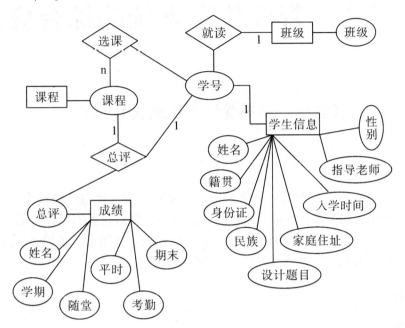

图 1-7　全局 E-R 图

7. 物理配置方案设计

（1）硬件环境

处理器：Inter P4 2.4GHz。

内存：512M。

硬盘：80G。

网卡：10M/100M bps。

（2）软件环境

操作系统：Microsoft Windows NT Server 3.51 或更高版本，Windows xp/7。

第二章　管理信息系统的综合应用

实验一　图书管理系统的设计与实现

一、概述

现代人的生活离不开图书，不论是在家还是在公司，读书已经成为了一种习惯。然而现在的图书种类繁多，数量庞大，出版速度快，要对这些书籍进行管理，传统的人工管理方法已经不能适用。为了更好、更快地管理这些图书，我们必须提出一种行之有效的方法。为此我们需要一个高效率的系统来进行管理。

二、系统分析

1. 需求分析

用户的需求可分为以下三个方面：

（1）图书馆工作人员通过计算机来管理各类图书，分类编号，调整图书结构，增加图书库存，适应读者的需求；

（2）图书馆工作人员对读者的借书情况能做到全面的掌握，及时得到每个读者的当前借阅状态和历史借阅记录；

（3）读者能通过计算机查询浏览图书馆中的图书，确定自己需要的书籍，并进行借阅。

2. 功能分析

图书管理系统是为了方便管理人员对图书的管理、读者的管理，以及读者对图书的借阅归还等，是为了提高大家的时间和工作效率，节约运行费用而设计的。所以图书管理系统的主要功能如下：

（1）图书管理

图书管理包括图书的添加、修改和删除。

（2）读者管理

读者管理包括读者基本信息的添加、修改和删除。

（3）借阅管理

管理员通过借阅管理系统能完成读者的图书借阅、图书归还工作；可以按书号或者读者编号查询借阅信息。

（4）系统管理

管理员可实现不同权限新用户的添加；对应登录用户可实现密码修改。

（5）图书查询

读者可通过多种查询方式进行图书查询操作。

三、系统设计

1. 系统功能模块设计

根据之前的需求及功能分析，设计出图书管理系统的功能结构图，如图 2-1 所示。

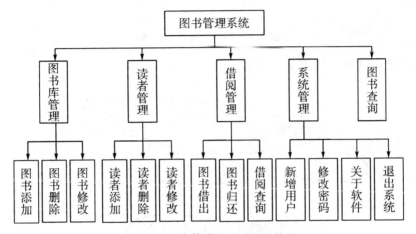

图 2-1　图书管理系统功能结构图

2. 数据库设计

（1）数据库的概念设计

用户管理 E-R 图，如图 2-2 所示。

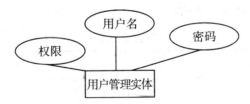

图 2-2　用户管理 E-R 图

读者管理 E-R 图，如图 2-3 所示。

图 2-3　读者管理 E-R 图

图书库管理 E-R 图，如图 2-4 所示。

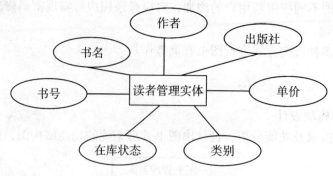

图 2-4　图书库管理 E-R 图

借阅管理 E-R 图，如图 2-5 所示。

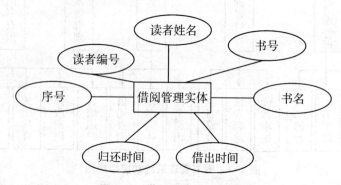

图 2-5　借阅库管理 E-R 图

（2）数据库的物理设计

依据数据库的原理，并结合以上 E-R 图，经过转化，即可进行数据库的物理设计。
建立相关表，如表 2-1 至表 2-4 所示。

表 2-1　　　　　　　　　　　　　　系统管理表

字段名称	数据类型
用户名	文本
密码	文本
权限	文本

表 2-2　　　　　　　　　　　　　　书库表

字段名称	数据类型
书号	文本
书名	文本

表2-2（续）

字段名称	数据类型
作者	文本
出版社	文本
单价	货币
类别	文本
在库状态	文本

表 2-3　　　　　　　　　　　借阅记录表

字段名称	数据类型
序号（主键）	自动编号
书号	文本
书名	文本
借出时间	日期/时间
归还时间	日期/时间
读者编号	文本
读者姓名	文本

表 2-4　　　　　　　　　　　读者库表

字段名称	数据类型
读者编号（主键）	文本
读者姓名	文本
联系电话	文本
所属部门	文本

四、系统实现

1. 数据库实现

本实例采用 Access 关系型数据库，使用 ADO 对象作为数据连接对象。

在 Access 数据库中，一共四张数据库表，分别是"系统管理""读者库""书库"和"借阅记录"，如图 2-6 所示。

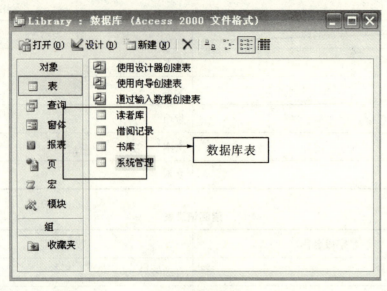

图 2-6 数据库表

"系统管理"数据库表主要用于存储用户信息，包括用户名、密码和权限三个字段，具体设置如图 2-7 所示。为了保证系统的运行，还需输入初始数据，如图 2-8 所示。

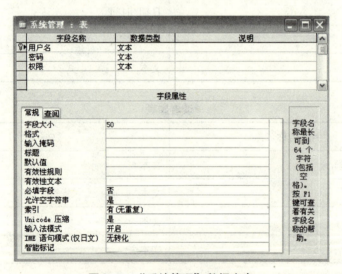

图 2-7 "系统管理"数据库表

用户名	密码	权限
admin	admin	System
yonghu	yonghu	Guest

图 2-8 "系统管理"数据库表初始数据

"读者库"数据库表主要用于存储读者信息，包括读者编号、读者姓名、联系电话和所属部门四个字段，具体设计如图 2-9 所示。为了保证系统的运行，还需输入初始数据，如图 2-10 所示。

图 2-9 "读者库"数据库表

图 2-10 "读者库"数据库表初始数据

"借阅记录"数据库表主要用于存储读者借阅图书的历史记录，包括序号、书号、书名、借出时间、归还时间、读者编号、读者姓名七个字段，具体设计如图 2-11 所示。

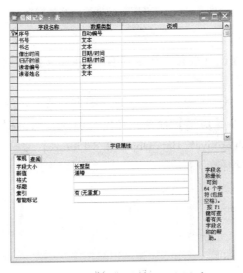

图 2-11 "借阅记录"数据库表

"书库"数据库表主要用于存储图书信息，包括书号、书名、作者、出版社、单价、类别、在库状态七个字段，具体设计如图2-12所示。为了保证系统的运行，还需输入初始数据，如图2-13所示。

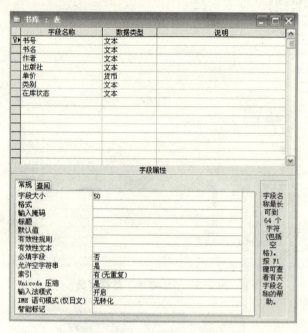

图2-12　"书库"数据库表

	书号	书名	作者	出版社	单价	类别	在库状态
	ISBN-1	机电一体化手册	李振华	深圳远大出版社	¥39.90	技术类	No
	ISBN-2	Access详解	苏阳	电子学社出版社	¥36.99	技术类	Yes
	ISBN-3	Excel详解	苏阳	科学电子出版社	¥39.99	技术类	Yes
∥	ISBN-4	SolidWorks经典教程	舒雄	机械设计出版社	¥39.90	技术类	Yes
*					¥0.00		

图2-13　"书库"数据库表初始数据

2. 数据库连接

本实例中，数据库连接的准备工作主要有ADO库文件的引入和DataGrid空间的导入，具体实现步骤如下：

步骤一：新建标准EXE工程，并另存为"图书管理系统"工程。导入库文件，从菜单栏中选择【工程】→【应用】命令，弹出【引用】对话框。在【引用】对话框的列表框中选择【Microsoft ActiveX Data Object 2.8 Library】复选框，如图2-14所示，单击【确定】按钮，完成控件的导入。

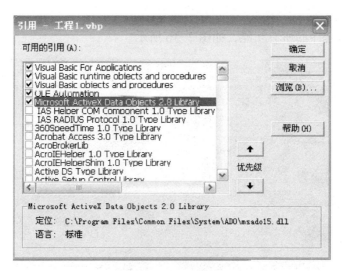

图 2-14　库文件导入

步骤二：本例会涉及网格数据的显示和操作，因此选择 DataGrid 控件作为显示和操作单元。DataGrid 控件不是默认控件，因此需从部件中导入。右键单击工具箱，选择【部件】命令，在弹出的【部件】对话框中的列表框中选择【Microsoft DataGrid Control 6.0】复选框，如图 2-15 所示，单击【确定】按钮，完成控件的导入。

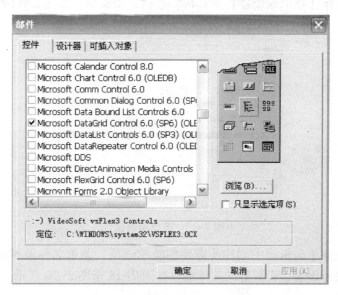

图 2-15　选择 Microsoft DataGrid Control 6.0 复选框

完成了数据库的连接准备工作，进入图书管理系统的界面设计实现环节。

3. 系统界面实现

前面已完成了数据库连接的准备工作。现在基于 Visual Basic 程序设计软件，介绍图书管理系统各功能模块的界面设计。

（1）主界面

主界面包含程序的所有功能，如图 2-16 所示。

图 2-16　图书管理系统主界面

主界面的设计采用多文档窗体及菜单方式来实现。

步骤一：在 Visual Basic 工程中创建 MDI 窗体，然后再选定 MDI 窗体的前提下，从菜单栏中选择【工具】→【菜单编辑器】命令，或者单击常用工具栏上的【菜单编辑器】▥按钮，打开【菜单编辑器】对话框，进行菜单编辑，如图 2-17 所示。

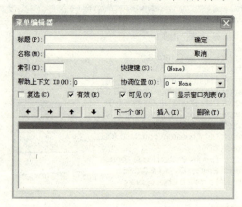

图 2-17　菜单编辑器

步骤二：在菜单编辑器中创建所需要的菜单选项，菜单名称及其他设置可根据自己的编程习惯进行设置，设置好的菜单清单如图 2-18 至图 2-20 所示。

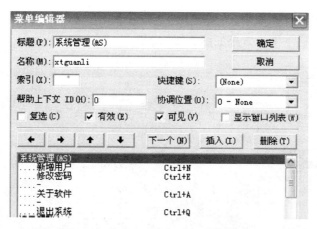

图 2-18　菜单编辑器各部分效果图（一）

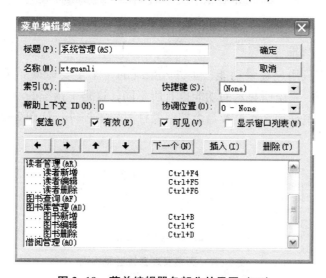

图 2-19　菜单编辑器各部分效果图（二）

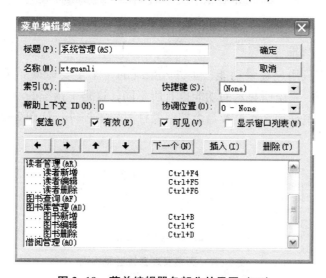

图 2-20　菜单编辑器各部分效果图（三）

步骤三：菜单设计完成后，单击【确定按钮】，返回 MDI 窗体，刚设计的菜单已经添加至窗体标题栏下面，效果如图 2-21 所示。

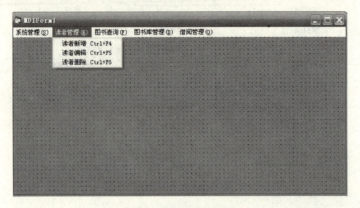

图 2-21　菜单效果图

（2）用户登录界面

该窗体主要完成用户登录功能，是进入系统的一个主要通道。通过权限限制，根据不同的用户账号，系统所显示的功能也有所不同，这是本系统的一个关键点。

该窗体包含标签框、文本框及命令按钮及计时器等控件，如图 2-22 所示。

图 2-22　图书管理系统登录界面

（3）借阅管理模块

·图书借出

该窗体主要完成图书借出功能。管理员根据用户提供的读者编号和书号，实现图书借出操作。读者借阅图书时，会在借阅管理表中记录读者编号、书号、借书时间等相关信息。其中借书时间由系统自动生成。图书借出界面如图 2-23 所示。

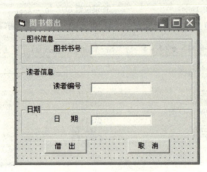

图 2-23　图书借出

·图书归还

图书归还这一环节，也是本系统最重要的一项功能之一，管理员根据用户提供的读者编号和书号就能方便还书，如图2-24所示。

图2-24　图书归还

·借阅查询

通过书号或者读者编号可查询借阅信息，如图2-25所示。

图2-25　借阅查询

（4）图书查询

用户可通过多种途径在该窗体查询图书相关信息。该窗体包含标签框、文本框、命令按钮及组合框等控件。查询结果通过表格控件（DataGrid）显示，如2-26图所示。

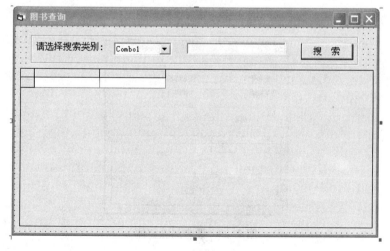

图2-26　图书查询

（5）读者管理模块

读者管理模块的功能是登记需要进行图书借阅的人员，方便对读者的管理。该模块包含读者新增、读者编辑及读者删除三个窗体：读者新增用于读者的添加；读者编辑用于编辑已有的读者信息，例如电话、部门等的变更；读者删除用于读者离职时删除其信息。

为保证今后软件操作的适用性，设计该模块时，模块的三个窗体界面相似，主要使用标签、文本框及命令按钮等控件。由于读者编辑窗体及读者删除功能实现时需显示读者的相关信息，所以另需一个表格控件（DataGrid），以显示数据库中的相关数据。为使后期代码编写更简单、易读，三个窗体中所涉及的文本框均创建为控件数组。三个窗体的界面设计如图 2-27 至图 2-29 所示。

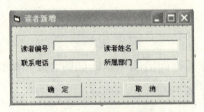

图 2-27　读者新增窗体

图 2-28　读者编辑窗体

图 2-29　读者删除窗体

（6）图书库管理模块

图书库管理模块的功能是记录所有入库图书，以方便各类图书的管理。该模块包含图书新增、图书编辑及图书删除三个窗体：图书新增用于图书的添加；图书编辑用于编辑已有的图书信息，例如出版社、价格等的变更；图书删除用于图书破损废弃时图书信息的删除。

为保证今后软件操作的适用性，设计该模块时，模块的三个窗体界面相似，主要使用标签、文本框及命令按钮等控件。为了方便用户进行图书类别的选择，所以类别内容的输入采取用户选择方式，用组合框控件实现。由于图书编辑窗体及图书删除功能实现时需显示图书的相关信息，所以也需要一个表格控件（DataGrid），以显示数据库中的相关数据。为使后期代码编写更简单、易读，三个窗体中所涉及的文本框均创建为控件数组。三个窗体的界面设计如图 2-30 至图 2-32 所示。

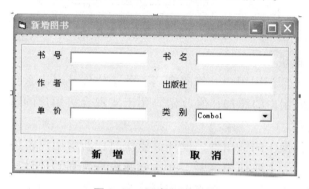

图 2-30　图书新增窗体

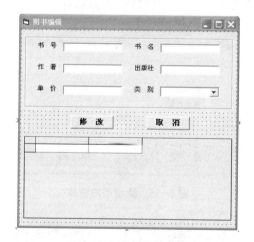

图 2-31　图书编辑窗体

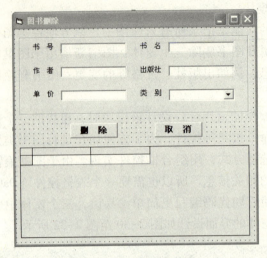

图 2-32　图书删除窗体

（7）系统管理模块

系统管理模块包含新增用户、修改密码、关于软件及退出系统四个模块。新增用户用于实现不同权限用户的添加；修改密码用于实现合法用户的密码修改；关于软件给出软件的基本信息。

为保证今后软件操作的适用性，设计该模块时，新增用户窗体和修改密码窗体的界面有一定的相似性，主要使用标签、文本框及命令按钮等控件。为使后期代码编写更简单、易读，窗体中所涉及的文本框均创建为控件数组。由于软件窗体中需要显示图片内容，所以需要图片框控件。三个窗体的界面设计如图 2-33 至图 2-35 所示。

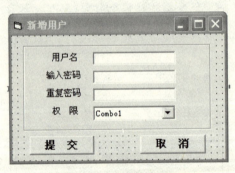

图 2-33　新增用户窗体

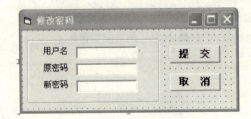

图 2-34　修改密码窗体

图 2-35　关于软件窗体

4. 程序编码

由于篇幅有限，在这里我们只给出部分窗体的代码，其余代码见本书补充资料，读者也可自行实现代码的编写。

（1）公用模块代码

选择【工程】→【添加模块】命令，在弹出的【添加模块】界面中的选择模块，并单击【打开】按钮，如图 2-36 所示。

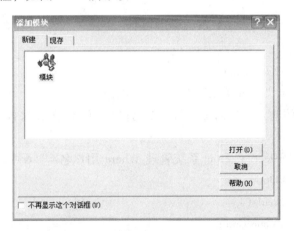

图 2-36　添加模块

并在该模块的代码窗口，编写下列代码：

```
Option Explicit
Public cn As New ADODB.Connection
Public rs1 As New ADODB.Recordset, rs2 As New ADODB.Recordset
Public rs3 As New ADODB.Recordset, rs4 As New ADODB.Recordset
Public rs5 As New ADODB.Recordset, rs6 As New ADODB.Recordset

Public BlnQX As Boolean
```

```
Public Function QX( )
    If BlnQX = False Then
        MDIForm1. xzyonghu .Enabled = False
        MDIForm1. dzguanli  = False
        MDIForm1. jyguanli  = False
        MDIForm1. tskguanli = False
    End If
End Function
```

备注：方框部分的内容需根据菜单编辑器中对应的菜单选项名称做修改。

（2）系统登录模块代码

```
Dim strA As String
Dim intA As Integer
Dim intCount As Integer


Private Subcommand2_Click( )
    End
End Sub


Private SubCommand1_Click( )
    If Text1. Text = "" Or Text2. Text = "" Then
        MsgBox "请输入完整的用户名及密码!", vbCritical, "警告"
    Else
        rs1. Open "Select * From 系统管理 Where 用户名='" & Text1. Text & "'", cn,
adOpenKeyset, adLockOptimistic
        strA = rs1. Fields(1)
        intA = rs1. RecordCount
        rs1. Close
    If intA = 0 Then
        MsgBox "无此用户!", vbCritical, "警告"
        Exit Sub
    Else
        If Text2. Text = strA Then
        MDIForm1. Show
        rs1. Open "Select 权限 From 系统管理 Where 用户名='" & Text1. Text & "'",
cn, adOpenKeyset, adLockOptimistic
        If rs1. Fields(0) = "Guest" Then
        BlnQX = False
```

```
                    Call QX
                  End If
                  rs1. Close
                  Unload Me
                Else
                  MsgBox "密码错误!", vbCritical, "提示"
                  intCount = intCount + 1
                  If intCount = 3 Then
                  MsgBox "密码错误登录次数超过限制次数!", vbCritical, "警告"
                  End
              End If
              Exit Sub
              End If
              End If
              End If
              End Sub


          Private Sub Form_Load( )
              intCount = 0
              cn.Open "Provider=Microsoft.Jet.oledb.4.0;Data Source=" & App.Path & " \Library.
        mdb"   '用于数据库连接,数据库名称需根据实际编写的数据库作调整。
              End Sub


          Private Sub Form_Unload(Cancel As Integer)
              cn.Close
          End Sub


          Private Sub Timer1_Timer( )
            Label3. Caption = Date & "    " & Time
          End Sub
```

5. 系统集成及测试

各模块设计完成后，接下来要进行系统的集成及测试，简单操作步骤如下：

步骤一：系统集成也就是将各个功能模块通过主窗体上的菜单命令实现集成化，在主窗体的代码编辑窗口实现集成，具体代码如下：

```
Private Sub dzbianji_Click( )            '设置"读者编辑"菜单命令
    duzhebianji.Show                     '调出"读者编辑"窗体
End Sub
```

```
Private Sub dzshanchu_Click( )          '设置"读者删除"菜单命令
    duzheshanchu.Show                   '调出"读者删除"窗体
End Sub
Private Sub dzxinzeng_Click( )          '设置"读者新增"菜单命令
    duzhexinzeng.Show                   '调出"读者新增"窗体
End Sub
Private Sub gyruanjian_Click( )         '设置"关于软件"菜单命令
    guanyuruanjian.Show                 '调出"关于软件"窗体
End Sub
Private Sub jychaxun_Click( )           '设置"借阅查询"菜单命令
    jieyuechaxun.Show                   '调出"借阅查询"窗体
End Sub
Private Sub tcxitong_Click( )           '设置"退出系统"菜单命令
    End                                 '实现系统退出
End Sub
Private Sub tsbianji_Click( )           '设置"图书编辑"菜单命令
    tushubianji.Show                    '调出"图书编辑"窗体
End Sub
Private Sub tschaxun_Click( )           '设置"图书查询"菜单命令
    tushuchaxun.Show                    '调出"图书查询"窗体
End Sub
Private Sub tsguihuan_Click( )          '设置"图书归还"菜单命令
    tushuguihuan.Show                   '调出"图书归还"窗体
End Sub
Private Sub tsjiechu_Click( )           '设置"图书借出"菜单命令
    tushujiechu.Show                    '调出"图书借出"窗体
End Sub
Private Sub tsshanchu_Click( )          '设置"图书删除"菜单命令
    tushushanchu.Show                   '调出"图书删除"窗体
End Sub
Private Sub tsxinzeng_Click( )          '设置"图书新增"菜单命令
    tushuxinzeng.Show                   '调出"图书新增"窗体
End Sub
Private Sub xgmma_Click( )              '设置"修改密码"菜单命令
    xiugaimima.Show                     '调出"修改密码"窗体
End Sub
Private Sub xzyonghu_Click( )           '设置"新增用户"菜单命令
    xinzengyonghu.Show                  '调出"新增用户"窗体
End Sub
```

步骤二：选择系统登录为启动对象。从菜单栏中选择【工程】→【属性】命令，在打开的【工程属性】对话框中，将【通用】选项卡的【启动对象】设置为登录窗口的名字，如图 2-37 所示，其余保持系统默认设置，单击【确定】按钮即可完成启动设置。

图 2-37 选择启动对象

步骤三：用 VB 自带的调试工具调试系统。选择【调试】菜单选择相应的命令即可进行调试，如图 2-38 所示。

图 2-38 调试菜单

五、程序的打包发布

完成了图书管理系统的变成和调试工作后，最后一步就是程序的打包发布，具体操作步骤如下：

步骤一：在 VB 程序的开发环境下，生成可执行文件"图书管理系统. exe"。

步骤二：退出 VB 程序，返回桌面，单击【开始】菜单→【所有程序】→【Microsoft Visual Basic 6.0 中文版】→【Microsoft Visual Basic 6.0 中文版工具】→【Package & Deployment 向导】命令，打开【打包和展开向导】对话框，如图 2-39 所示。单击【浏览】按钮，打开【打开工程】对话框，在其中选择需要进行打包的工程文件，如图 2-40 所示。

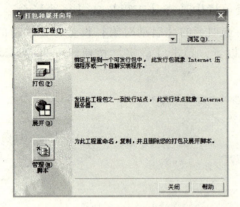

图 2-39 打包和展开向导图

图 2-40 打开工程

步骤三：单击【打开】按钮返回【打包和展开向导】对话框，如图 2-41 所示，单击【打包】按钮，即可弹出进程对话框。

图 2-41 开始打包

步骤四：进入向导的"包类型"阶段，如图 2-42 所示。在【包类型】列表框中选择标准安装包，单击【下一步】按钮，切换到"打包文件夹"阶段，在其中选择需要打包的目标文件夹，如图 2-43 所示。

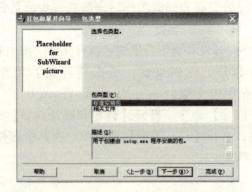

图 2-42 包类型

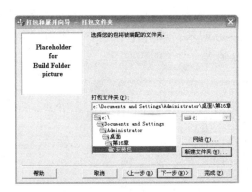

图 2-43　打包文件夹

步骤五：单击【下一步】按钮，进入【包含文件】对话框，如图 2-44 所示。

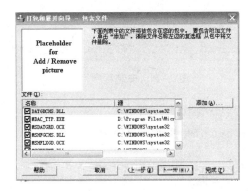

图 2-44　包含文件

步骤六：用户需检查文件列表，可以发现"文件"列表框中没有包含数据库文件和图片文件，因此需要手动添加。单击【打开】按钮即可完成一个文件的添加操作。添加完成后，单击【下一步】按钮进入"压缩文件选项"阶段，选择默认设置，如图 2-45 所示。

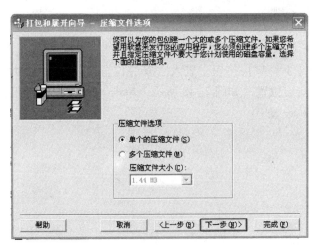

图 2-45　压缩文件选项

步骤七：单击【下一步】按钮，切换至"安装程序标题"阶段，在文本框中输入"图书管理系统"，如图 2-46 所示，单击【下一步】按钮，进入"启动菜单项"阶段，如图 2-47 所示，保持默认设置。

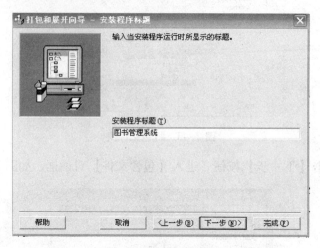

图 2-46　安装程序标题

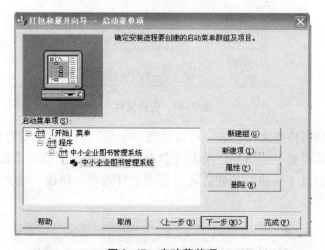

图 2-47　启动菜单项

步骤八：单击【下一步】按钮，进入"安装位置"阶段，在对话框【文件】列表框中，修改文件的安装位置，如图 2-48 所示，单击【下一步】按钮看，进入"共享文件"阶段，保持默认设置。

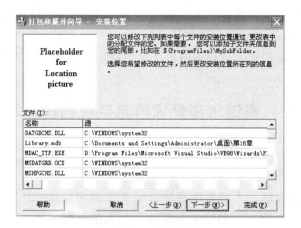

图 2-48 安装位置

步骤九：单击【下一步】按钮，进入最后阶段，如图 2-49 所示，单击【完成】按钮，屏幕弹出打包报告，如图 2-50 所示，用户可以保存或者管理。

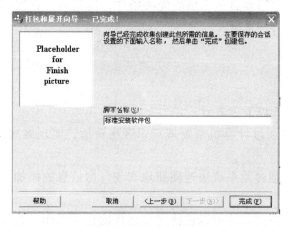

图 2-49 已完成的界面

图 2-50 打包报告

步骤十：打包完成后，可以查看打包发布的效果。进入执行的打包目的文件夹，用户可以直接双击 setup 图标安装图书管理系统。

步骤十一：安装完成后，可以在开始菜单中看到安装的软件"图书管理系统"。

实验二　宾馆客房管理信息系统的设计与实现

一、概述

随着社会经济的发展，人们对生活质量的要求越来越高，作为服务行业之一的宾馆也在不断地完善服务体制。宾馆客房管理信息系统是集餐饮、住宿、娱乐于一体的立体化服务体系，顾客可以随意消费并统一结账；宾馆管理者可及时了解宾馆的全部运营情况及经营走势，找出运转成本，作为经营决策的依据。

传统的管理方法已经不能适应现代社会的需要，因此采用电脑管理业务、财务等诸多环节已成为推动宾馆业迅速发展的先决条件，宾馆客房管理信息系统是一个大中小型宾馆需要使用的管理系统。

二、系统分析

1. 需求分析

用户的需求可分为以下三方面：

（1）宾馆员工可通过计算机来管理宾馆客房资源，实现客房信息的添加、修改、删除等操作；

（2）宾馆员工可通过此系统快速便捷地实现订房信息的添加、修改、查询及浏览等操作；

（3）宾馆员工通过此系统可以快捷完成结算的相关工作，并且可以有效实现结算信息的查询。

2. 功能分析

酒店在正常的运营中需要对客房资源、顾客信息、结算信息系进行管理，可以利用宾馆管理信息系统及时了解各个环节中信息的变更，有利于提高管理效率。系统开发的总体任务是实现宾馆各种信息的系统化、规范化和自动化。所以宾馆客房管理信息系统的主要功能如下：

（1）系统管理

系统管理可以重新登录和退出系统。

（2）客房信息管理

客房信息管理可以浏览、添加、修改和查询客房类型信息和客房信息。

（3）订房信息管理

订房信息管理可以浏览、添加、修改和查询订房信息。

（4）结算信息管理

结算信息管理可以浏览、添加、修改和查询结算信息。

三、系统设计

1. 系统功能模块设计

根据之前的需求及功能分析，宾馆客房管理信息系统的功能结构图，如图 2-51 所示。

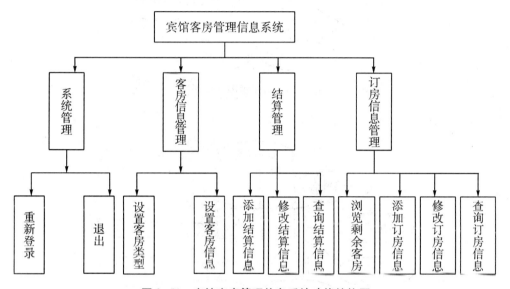

图 2-51　宾馆客房管理信息系统功能结构图

2. 数据库设计

（1）数据库的概念设计

·用户管理 E-R 图，如图 2-52 所示。

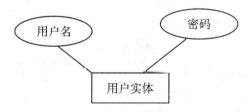

图 2-5　用户管理 E-R 图

·客房信息 E-R 图，如图 2-53 所示。

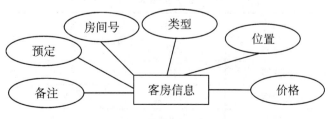

图 2-53　客房信息 E-R 图

·客房类型 E-R 图，如图 2-54 所示。

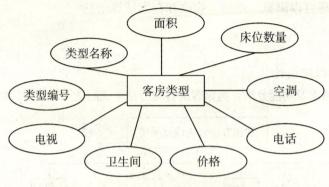

图 2-54　客房类型 E-R 图

·订房管理 E-R 图，如图 2-55 所示。

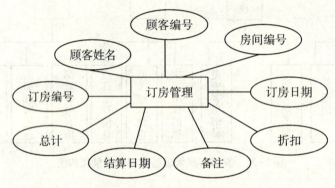

图 2-55　订房管理 E-R 图

（2）数据库的物理设计

依据数据库的原理，并结合以上 E-R 图，经过转化，即可进行数据库的物理设计。建立相关表，如表 2-5 至表 2-8 所示。

表 2-5　　　　　　　　　　　　　　　　用户信息表

字段名称	数据类型	大小	空值	描述
用户名	字符型	10	Y	
密码	字符型	10	Y	

表 2-6　　　　　　　　　　　　　　　　客房类型表

字段名称	数据类型	大小	空值	描述
类型编号	字符型	10		
类型名称	字符型	10		
面积	数值型	5	Y	
床位数量	数值型	5	Y	

表2-6(续)

字段名称	数据类型	大小	空值	描述
空调	字符型	2	Y	是否有空间
电话	字符型	2	Y	是否有电话
电视	字符型	2	Y	是否有电视
卫生间	字符型	2	Y	是否有卫生间
价格	数值型	9	Y	

表 2-7　　　　　　　　　　　客房信息表

字段名称	数据类型	大小	空值	描述
房间号	字符型	10		
类型	字符型	10		
位置	字符型	20	Y	
价格	数值型	9	Y	
预定	字符型	2		是否预定
备注	字符型	16	Y	

表 2-8　　　　　　　　　　　订房信息表

字段名称	数据类型	大小	空值	描述
订房编号	字符型	14		
顾客姓名	字符型	10		
顾客编号	字符型	18		
房间编号	字符型	10		
订房日期	日期型	8	Y	
折扣	数值型	5	Y	
备注	字符型	16	Y	
结算日期	日期型	8	Y	
总计	数值型	9	Y	

四、系统实现

1. 数据库连接

步骤一：打开 SQL Server 的企业管理器，然后在左侧的"数据库"图标上右击，在弹出的快捷菜单上单击【所有任务】→【附加数据库】选项，在弹出的对话框中单击【浏览】对按钮，选择本系统所建立的数据库文件，单击【确定】按钮，完成数据库的添加。

步骤二：通过 SQL 脚本生成数据库。

步骤三：实现 VB 与 SQL 的连接。

完成了数据库的连接准备工作，进入宾馆客房管理信息系统的界面设计实现环节。

2. 系统界面实现

前面已完成了数据库连接的准备工作。现在基于 Visual Basic 程序设计软件，介绍宾馆客房管理信息系统各功能模块的界面设计。

（1）主界面

主界面包含程序的所有功能，如图 2-56 所示。

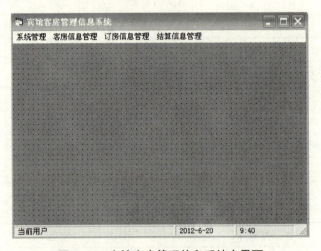

图 2-56　宾馆客房管理信息系统主界面

主界面的设计采用多文档窗体、菜单方式及状态栏来实现。

（2）登录界面

该窗体主要完成用户登录功能，输入用户名和密码，校验成功后，点击【确定】按钮，进入程序主界面。

该窗体包含标签框、文本框及命令按钮等控件，如图 2-57 所示。

图 2-57　系统登录界面

（3）客房信息管理模块

客房信息管理模块包含两大基本操作功能：设置客房类型及设置客房信息。设置客房类型可进行添加、删除和修改客房类型等操作；设置客房信息可进行添加、修改、删除及查询客房信息等操作，如图 2-58 至图 2-60 所示。

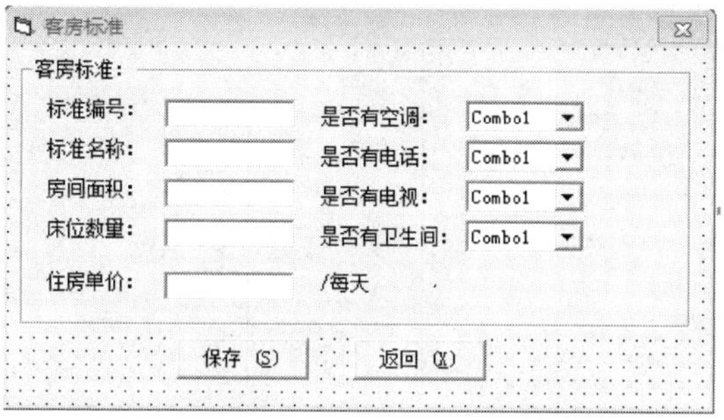

图 2-58 客房标准添加

图 2-59 客房信息添加

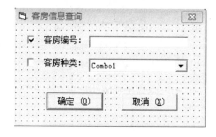

图 2-60 客房信息查询

（4）订房信息管理模块

订房信息管理模块能实现订房信息的添加、修改功能，还能查询顾客的订房信息，并且还能按客房种类、客房单价等条件查询剩余客房的数量。该模块所涉及的窗体如图 2-61 至图 2-63 所示。

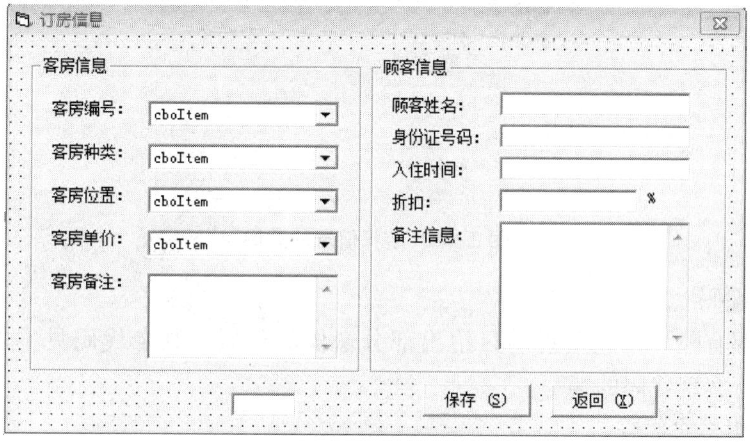

图 2-61 订房信息添加

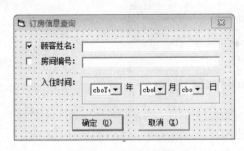

图 2-62　订房信息查询

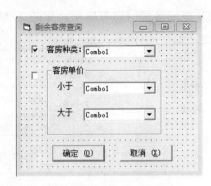

图 2-63　剩余客房查询

（5）结算信息管理模块

结算信息管理模块可实现结算信息的添加及修改操作，也可实现结算信息的查询操作。该模块所涉及的窗体如图 2-64、图 2-65 所示。

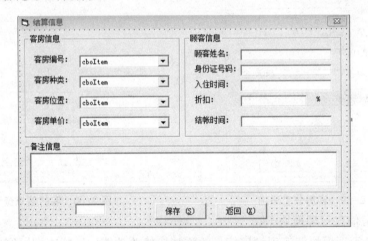

图 2-64　结算信息的添加及修改

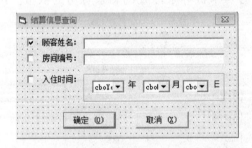

图 2-65　结算信息的查询

3. 程序编码

由于篇幅有限，在这里我们只给出部分窗体的代码，其余代码见本书补充资料，读者也可自行实现代码的编写。

（1）公用模块代码

选择【工程】→【添加模块】命令，在弹出的【添加模块】界面中的选择模块，并单击【打开】按钮，如图 2-66 所示。

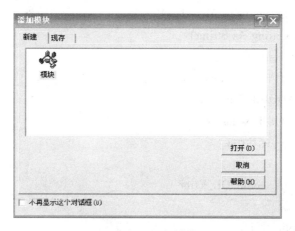

图 2-66　添加模块

并在该模块的代码窗口，编写下列代码：

```
Public frmMain As frmMain
Public flagTedit As Boolean
Public flagRedit As Boolean
Public flagBedit As Boolean
Public flagCedit As Boolean
Public gintCmode As Integer
Public gintTmode As Integer
Public gintRmode As Integer
Public gintBmode As Integer
Public flagSedit As Boolean
Public UserName As String

SubMain( )
    frmLogin.Show
End Sub

Public Function ConnectString( ) _
    As String
' returns a DB ConnectString
  ConnectString = "Provider=SQLOLEDB.1;" & _
  "Persist Security Info=False;" & _
  "UID=sa;PWD=sa;" & _
  "Initial Catalog=HotelMIS;" & _
  "Data Source=(local)"
```

```
End Function
Public Function ExecuteSQL( ByVal SQL _
    As String, MsgString As String) _
    As ADODB.Recordset
' executes SQL and returns Recordset
    Dim cnn As ADODB.Connection
    Dim rst As ADODB.Recordset
    Dim sTokens( ) As String

    On Error GoTo ExecuteSQL_Error

    sTokens = Split( SQL)
    Set cnn = New ADODB.Connection
    cnn.Open ConnectString
    If InStr( "INSERT,DELETE,UPDATE" , _
        UCase $ ( sTokens( 0) ) ) Then
        cnn.Execute SQL
        MsgString = sTokens( 0) & _
        " query successful"
    Else
        Set rst = New ADODB.Recordset
        rst.Open Trim $ ( SQL) , cnn, _
        adOpenKeyset, _
        adLockOptimistic
        ' rst.MoveLast    ' get RecordCount
        Set ExecuteSQL = rst
        MsgString = "查询到" & rst.RecordCount & _
            "条记录 "
    End If
ExecuteSQL_Exit:
    Set rst = Nothing
    Set cnn = Nothing
    Exit Function

ExecuteSQL_Error:
    MsgString = "查询错误: " & _
    Err.Description
    Resume ExecuteSQL_Exit
```

```
End Function
Public Sub EnterToTab(Keyasc As Integer)
  If Keyasc = 13 Then
    SendKeys "｛TAB｝"
  End If
End Sub
```

(2) 系统登录模块代码

```
Public OK As Boolean
Private Sub cmdCancel_Click()
    OK = False
    Unload Me
End Sub


Private Sub cmdOK_Click()
    Dim mrc As ADODB.Recordset
    Dim strmsg As String
    txtSQL = "select uid from userinfo where UID='" & Trim(txtUserName.Text) & "

    Set mrc = ExecuteSQL(txtSQL, strmsg)
    If mrc.EOF = True Then
        MsgBox "用户名错误!", vbExclamation + vbOKOnly, "警告"
        txtUserName.SetFocus
        txtUserName.SelStart = 0
        txtUserName.SelLength = Len(txtUserName.Text)
        Exit Sub
    End If
    UserName = mrc.Fields(0)
    txtSQL = "select UID from userinfo where PWD='" & Trim(txtPassword.Text) & "

    Set mrc = ExecuteSQL(txtSQL, strmsg)
    If mrc.EOF = True Then
        MsgBox "密码错误!", vbExclamation + vbOKOnly, "警告"
        txtPassword.SetFocus
        txtPassword.SelStart = 0
        txtPassword.SelLength = Len(txtPassword.Text)
        Exit Sub
    End If
```

```
        OK = True
        frmMain.Show
        Unload Me
    End Sub
```

4. 系统集成及测试

各模块设计完成后，接下来要进行系统的集成及测试，简单操作步骤如下：

步骤一：系统集成也就是将各个功能模块通过主窗体上的菜单命令实现集成化，在主窗体的代码编辑窗口实现集成。

步骤二：选择系统登录为启动对象。从菜单栏中选择【工程】→【属性】命令，在打开的【工程属性】对话框中，将【通用】选项卡的【启动对象】设置为登录窗口的名字，如图 2-67 所示，其余保持系统默认设置，单击【确定】按钮即可完成启动设置。

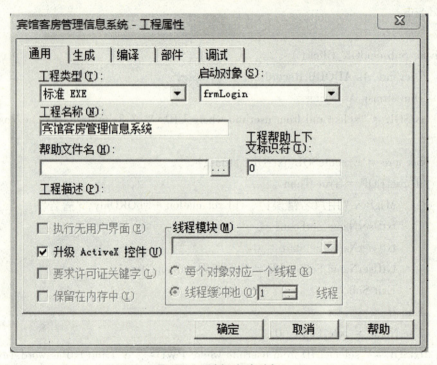

图 2-67 选择启动对象

步骤三：用 VB 自带的调试工具调试系统。选择【调试】菜单选择相应的命令即可进行调试，如图 2-68 所示。

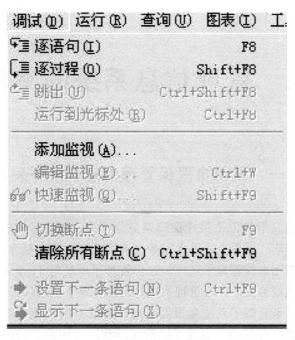

图 2-68   调试菜单

五、程序的打包发布

完成了宾馆客房管理信息系统的编程和调试工作后，最后一步就是程序的打包发布，具体操作步骤与本书第二章实验一的第五点相似，这里就不再具体讲述了。

第三章　管理信息系统的案例分析

案例一　杭州市医保管理信息系统开发案例

　　杭州医保管理信息系统以市医疗保险服务为中心，覆盖了银行、地税、工商、定点医疗机构、定点药店、参保企业等多家单位和个人，主要包括参保对象管理子系统、基金管理子系统、费用审核管理子系统、账户管理子系统等 11 个系统。其中，医院端动态链接库子系统主要为医疗中心管理系统与医院管理系统（HIS）的数据交换提供统一规范和标准；医保卡管理子系统是根据本地区医保系统和银行系统对医保卡管理的需求，与商业银行联合开发的，实现了银行联网和医疗保险系统的联网。杭州市劳动和社会保障局对杭州市城镇职工基本医疗保险管理信息系统项目进行招标，东软软件股份有限公司（以下简称"东软"）一举中标。

　　前期的规划和设计工作是整个系统实施的基础。同时，杭州医保管理信息系统涉及面非常广泛。

　　在系统分析阶段，有省劳动厅、省卫生厅、市卫生局、市商业银行、市地税局、定点医疗机构、各定点医疗机构的 HIS 开发商、市广电局、市电信局、参保企业等多家相关部门共同参与。系统庞大复杂，杭州劳动和社会保障局和东软都投入了最强大的力量。经过详细的需求分析、各部门大量的沟通和项目会议，初步确定了杭州医保项目的实施范围，决定以广电线路为主干线路，以电信线路为备份线路，采用磁卡作为医保卡，采用 C/S 结构，以大集中模式来搭建医保系统。

　　在系统设计阶段，需要考虑 75 万个参保职工账户的建立、上万家参保企业医疗保险基金的征缴、上百家定点医疗机构医药费用的审核与偿付、医疗保险基金的监控、征集比例的测算等多种问题。在系统架构上，市医保中心主机系统的架构以 IBM RS/6000 M80 双机相互备份为核心，以 7133—SSA 高速磁盘阵列为共享连接，以 3590—E11 磁带库为系统备份。在市医保中心内部，局域网主干网络宽带千兆，与各二级交换机也采用千兆互联，为内部的各个科室提供 10/100M 电脑桌面的一套局域网系统。该系统的广域网系统则根据各个定点医疗机构的具体数据量的大小设计了适合各个定点医疗机构的通信线路的解决方案。

　　在软件开发上，东软采取了国际流行的控制方法。首先经过正式评审和认可，将一组配置项当做进一步开发的基础。只有通过正式的更改控制规程才能进行更改，因客户的业务需求变更而进行更改时应有客户的确认。因此，在合同阶段，与客户明确了系统更改的控制方法，以确认系统的成功实施。

各项目小组采用团队开发的方法，在开发过程中配置管理工具 Source Safe6.0 来管理，在项目各阶段自动产生配置报告，提交给质量保证（QA）负责人和项目经理，以便随时了解项目的状态。在各项目开发结束后，所有代码和文档都备份到专用的代码备份服务器中归档。后期的维护作为新任务的开始，定期整理维护活动产生的结果，追加到原项目的备份中去，同时更新配置状态报告。测试时采用暗箱测试方法。

系统硬件平台搭建的工作主要分为设备到货的跟踪、设备到货的验收、系统的搭建、IP 地址的规划、系统的验证等几个方面。在项目实施过程中，主要利用 Microsoft Project 工具软件来管理项目。

通过采用以上的方法，确保了杭州医保管理信息系统在 2001 年 4 月 1 日的试运行和 2001 年 5 月 1 日的正式上线。上线时，纳入杭州医保的参保职工有将近 3 万人，定点医疗机构将近 20 家，确保了杭州市医疗保险制度改革的顺利启动。

思考题

1. 根据上述系统开发案例，试分析管理信息系统的开发应该包括哪些必要步骤？
2. 借助管理信息系统，医院管理应在哪些方面有所改善？

案例二　某服装企业 ERP 成功上线

在当今复杂多变的全球贸易环境中，要实现销售收入的持续增长必须理顺企业内外部供应链上的每一个环节，从生产到管理，从行政到人事，从供应商到客户，从分销商到零售商，任何一个方面的疏忽都会导致销售额的下滑。

A 服装有限公司（以下简称"A 公司"）主营女装生产和销售，拥有年产 80 万套的时装生产线。由于公司对 ERP 的交付和信息化总体拥有成本等因素的成功把握，公司信息化项目的实施和应用取了极大的成功。A 公司搭乘 ERP 的信息快车，已经实现了公司经营成本的降低，以及业务中对公司自己的客户实现完美的产品交付，有望在管理和经营上实现新的突破。

·以需求为导向

随着市场规模的不断扩大，A 公司为了最大限度地满足用户的需求，开始增加产量，增加采购资金，同时延长工人的工作时间，这样还做不出足够的产品。于是，A 公司为了应付订单就把一些原来自制订单和工序进行外包，由此造成了整个企业的物流体系一片混乱。最后，管理层发现公司的发展瓶颈在于无法保证大额订单按时按量交付，而且这种不定期的订单让公司的成本支出大为增加。事实上，整个企业的生产能力已经达到了极限，除了扩大厂房和投资外，ERP 是最佳的解决办法。信息化可以提高企业的产品交付能力，并降低企业运营成本。

·合理选择 ERP

由于对 ERP 了解得不够深入，企业在 ERP 软件的选型上没有过多地调查和科学论证，结果草草实施，造成 ERP 项目实施不到两个月即宣告失败。这不仅浪费了主要业务人员的时间和精力，更重要的是影响了管理人员和业务人员对以后实施 ERP 系统的信心。在第二次的 ERP 软件选型时，A 公司及时总结教训，成立了专门的软件选型小组。该小组制定了三项原则：一是严格实行招标制度，邀请有关专家进行多家企业分析和比较；二是认真考察 ERP 生产厂商；三是确保软件选型避免急于上线，一定要脚踏实地，避免徇私舞弊情况的发生。经过对国内外数家 ERP 软件提供商的考察、分析和比较，最终选择了某公司的 FRP 产品。该公司具有成功实施大中型企业用户 ERP 的经验，在业内有着较高的声誉。

·顺利交付

作为信息化项目成功的第一关键要素，ERP 厂商的产品与服务能否有效交付至关重要。ERP 系统的交付绝不仅仅是产品的简单安装，更重要的是实施和服务。A 公司上线的 ERP 系统包括 ADM/CMS 基本信息系统、INV 存货管理系统、PUR 采购管理系统等 15 个模块。管理层深知 ERP 的交付是用户和 ERP 厂商双方共同参与的一个系统工程，除了系统安装，还包括员工意识的动员和转变、业务流程梳理、系统调试、人员培训、模拟运行等诸多环节。在 ERP 项目实施的初期，就遇到了阻力，有些领导干部对实施 ERP 的必要性提出了质疑，有些员工对于改变原来的工作方式和实施规范的操作流程也感到不适应，因此产生畏难和抵触情绪。管理层充分发挥"一把手"的作用，对于实施中的阻力，通过强制推行进行下去。

·分阶段实施

公司在实施 ERP 的过程中，如果各个部门都提需求，没有轻重缓急，那么整个实施工作用两年时间也完不成。对此，主管企业信息化建设的副总与主管销售的副总、主管生产的副总、主管财务的副总召开会议，筛选出最迫切的"需求"，进行重点和优先实施。对于一些技术和实施上相对较容易的需求，则留给企业的技术人员解决。

·员工的认同

影响 ERP 成功的因素很多，产品的成熟度、培训与服务的专业程度、实施方法的系统化、项目管理的科学化和人性化、顾问人目的专业化等。因此，以这些因素为指导来推动项目实施，是保证项目成功的第一步。管理层表示："要重视培训工作，这不仅局限于对 ERP 使用的培训，更重要的是让员工们从整体上认识并了解 ERP，真正知道 ERP 给企业乃至于员工个人带来的好处，从而提高员工们使用 ERP 系统的积极性。此外，制定好相应的奖惩条例对企业信息化的实施也是至关重要的。"

·培训计划

由于很多员工对计算机知识懂得不多，所以对 ERP 系统产生畏惧感，为此，公司制订了详细的培训计划。该公司把培训工作划分为三个步骤：第一步是理解概念，正确导入 ERP 及其单元技术，在软件系统上达到会用的程度；第二步强化原理培训，要求员工根据软件中的原理和做法，具体应用到实际工作中；第三步应用培训，把 ERP 理念贯彻到日常工作中，做精、做好，以达到培训的最佳效果。

思考题

1. ERP 如何提高企业的产品交付能力？

2. A 公司采用的是什么开发方式？

3. A 公司采用的是什么系统切换方式？

4. A 公司是如何做好人员培训工作的？

5. A 公司系统成功实施的原因有哪些？

案例三　关键成功因素法在电脑选购方面的应用研究

"只买对的，不买贵的"，一句广告词代表了目前社会群众的商品购买意识。随着时代的发展，电脑走进了千家万户，如何既能满足自己的功能要求，又能买下便宜的一台电脑成为大众关心的话题。本案例从电脑系统的角度，以关键成功因素法为手段，描述了电脑选购的过程，以期给用户一个公式化流程解决电脑选购问题。

1. 关键成功因素法

关键成功因素法（Critical Success Factors，CSF）于 1970 年由哈佛大学教授威廉·萨尼（William Zani）提出，它是信息系统规划重要方法之一，其含义是以关键因素为依据来确定系统信息需求的一种管理信息系统总体规划的方法，即在现行系统中，总存在着多个变量影响系统目标的实现，其中若干个因素是关键的和主要的（即成功变量），通过对关键成功因素的识别，找出实现目标所需的关键信息集合，从而确定系统开发的优先次序。关键成功因素法按如下四个步骤进行：系统目标的分解和识别、所有成功因素识别、关键成功因素识别和确定关键成功因素的性能指标或评估标准。识别关键成功因素，就是要识别联系于系统目标的主要数据、处理逻辑及其关系。

在选购电脑方面，按照关键成功因素法的四个步骤，我们首先应该定义目标，即弄清楚买这台电脑是干什么用的，这些用途可能包括办公、学习、娱乐和特殊用途；其次我们要将方方面面的需求转化为成功因素，即用成功因素来描述需求；再次就是确定关键成功因素，成功购买电脑的关键因素当然是用最少的钱买到最高性能的机器，除此之外，我们还要考虑信息技术的发展规律，在满足性能要求的前提下，机器的档次如何确定；最后，就是识别关键成功因素的性能指标或评估标准，即用什么技术指标和标准来衡量关键成功因素，并据此生成数据字典，即产生购买电脑的一些具体数据，用于购买的实施。

2. 基于 CSF 的电脑选购

下面举例说明基于 CSF 的电脑选购过程。假如某人要买一台台式电脑，用于工作、学习和娱乐，其功能主要内容包括 Office 办公软件、Photoshop 和 Coredraw 等图像处理软件、影音娱乐等。据此，我们可以首先定义系统（功能）的目标，即需求集合 R（图像处理软件、办公软件、网络工具、影音播放）。其次，为满足集合 R，电脑的性能应该考虑：具备有效运行图像处理软件的能力，包括运算速度和存储能力。只要具备这种能力，电脑的其他用途均可得到满足。

除了考虑电脑的功能要求以外，选购电脑往往还要从电脑的外观、附件及服务、信息技术的发展等几个方面综合考虑，这些因素可以用 CSF 的树枝图工具进行描述，如图 3-1 所示。

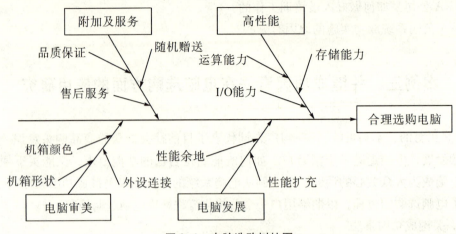

图 3-1 电脑选购树枝图

针对图 3-1 中的关键成功因素，我们需要将其转换为性能指标，并用一定的方法进行评价。

（1）高性能。运算能力决定了 CPU（Central Processing Unit，中央处理器）和主板的档次，为了满足集合 R，低端的 Celeron CPU 和 All-in-One 的整合主板就不可取。存储能力决定了内存和外存的大小或容量，满足集合 R 的内存容量应该偏大，目前可以考虑 4GB 及以上。外存主要指硬盘，目前应该考虑 TB 级或接近 TB 级的高转速硬盘，并且应该注意硬盘的 Cache 容量。I/O 能力主要针对显示器或打印机，为满足集合 R 的要求，显示器的尺寸应该偏大，而且具有较高的分辨率或带宽，同时显卡性能优良；对于图像处理，打印机需要考虑输出的幅面、颜色（黑白还是彩色）和质量等因素。

（2）电脑的发展。早在 19 世纪 60 年代，戈登·摩尔（Gordon Moore）就对集成电路的发展规律进行了预测，尤其是 1979 年修正的摩尔定律，一致经受实践的考验，沿用至今。因此选购电脑时，在满足集合 R 的前提下，不宜盲目追加投资以换得性能方面的突出，也不宜期望一台电脑可以永远用得随心所欲。另外在性能扩充方面，主板的 I/O 接口或总线扩展槽一般都不会使用完，这不是考虑的因素，应该注意的是内存的搭配，同样是 4GB 的内存，占用 1 个内存插槽就比占用 2 个内存插槽好，因为余下的插槽可以为今后扩充打下基础。

（3）附加及服务。这方面需要注意：品质保证的期限是否包括所有的部件，还是不同部件的保质期不一样；售后服务是否包含免费上门，主要部件（尤其是主板）是否有网上升级服务。

（4）电脑审美。机箱颜色和机箱形状可以根据个人爱好进行选择，对机器性能影响不大；外设连接主要考虑诸如键盘、鼠标、显示器和网卡等是否采用无线连接方式，以及何种无线连接方式。

从前面的分析中，我们可以得到一张关于电脑选购的清单，这张清单包括 CPU、主板、内存条、硬盘、光驱、显卡、网卡、机箱电源等功能部件，以及这些功能部件的档次或要求，据此可以按图索骥，顺利完成电脑选购。

思考题

1. 关键成功因素法的特点有哪些？
2. 关键成功因素法的 8 种确认方法是什么？
3. 结合本案例分析关键成功因素法的优势。

案例四　易通物流管理信息系统案例

1. 项目背景

本系统是一个中小物流企业信息化的成功案例。易通交通信息发展有限公司易通物流分公司是一家快速成长的第三方物流企业，公司从 2000 年 11 月份开始正式运作，业绩每年以翻一番的速度迅速发展，目前已经达到年营业额 2 000 多万元、运送货物 400 多万件、送达城市 300 多个的规模。易通物流公司的快速发展，不仅得益于第三方物流市场需求的发展，更离不开信息系统的支持。

易通物流对信息系统的需求，经历了从单一到全面、从模糊到清晰的发展过程。易通物流信息系统的应用从总体上来说分为四个阶段：

（1）最初的系统只解决运单的录入和汇总数据的统计查询；

（2）逐步涵盖委托、集货、调度、出入库、运输、配送、签收各环节的数据录入和统计查询；

（3）达到调度、出入库、运输监控功能的完善和网上功能的实现；

（4）进一步进行数据挖掘与系统对接。

2. 易通物流信息系统结构

易通物流信息系统分为物流管理子系统、车辆运输管理子系统、出入库管理子系统和企业门户网站四大部分。

（1）物流管理子系统

基础委托单信息的录入，包括支持电话、传真、互联网等多种形式。

客户资料建档，包括客户业务信息、客户信用、客户投诉、客户基础信息、合作状况评价等。

业务流转过程中相关数据的录入，包括在库相关信息、在途相关信息、费用信息，分别由不同岗位的责任人完成，便于出现问题追究责任。

（2）车辆运输管理子系统

①司机、车辆基础档案的管理。

②车辆固定成本、可变费用的管理。

③行车安全管理。

④行车效率的管理（路单管理）。

（3）出入库管理子系统

①货物的入库数量、时间、完好情况的记录。

②货物的出库数量、时间、完好情况的记录。

③支持仓库网络分布情况下对货物的统计、汇总。

④支持针对不同权限的客户分库区、分品种的库存货物查询。

⑤实现上述各项功能的网上查询服务。

（4）企业门户网站

作为物流公司对外界宣传和同客户沟通的工具，EIP（Enterprise Information Portal）物流企业门户网站主要提供网上查询、网上委托、网上交易。

3. 系统特点

（1）体系

①采用 B/S + C/S 模式，n 层体系结构，全面支持互联网和移动通讯。

②模块化设计，可根据不同的客户需求灵活配置各模块。

③界面友好统一，任何用户稍加培训就可以轻松上手。

④极高的数据处理能力，完善的数据备份机制，保证数据有效、准确。

⑤支持群集技术和离线处理，支持窄带（电话线）条件下的数据传输和实时应用。

⑥简单、集中的系统维护，保证系统稳定、安全运行，降低系统维护成本。

（2）应用

源于物流企业的实践，同时结合国内的实际情况，蕴涵成功物流企业先进的管理思想和运作模式。完善的物流业务管理能力，支持各种成本核算方法、单品管理、票据全程跟踪和历史动态业务数据查询。支持工作流管理和各部门（如生产、销售、服务）之间的全面协同工作。全程无纸化作业，物流服务企业与发货方、供货方之间通过该系统都可以畅通迅捷地了解到所需的数据信息。开放式接口，易于构建和管理国内外其他应用系统的动态数据交换。

4. 应用体会

（1）首先要清楚易通物流实际应用情况，如果一开始公司就上一套很完善的物流系统，那中途夭折的可能性在 95% 以上。因为信息系统是企业业务的神经系统，它与企业的"骨骼"和"肌肉"（即业务和管理水平）是相互适应的，任何一方面的超前和落后都会阻碍企业的发展。易通公司信息技术应用事业部为赶上信息系统的建设提供了企业诊断和最高限价的咨询服务。根据企业的业务状况、企业规模、管理层认识程度、基层计算机应用程度等，提出一期信息系统应用投资的最高限价，超过这个限价企业就面临着很大的价格风险。事先设定一期投入应用效果评估，在达到一期目标之后，管理层增强了信心总结了经验教训，再考虑二期投入。

（2）数据的积累和挖掘是企业提高管理水平的依据，没有准确数据的长期积累，就谈不上科学的管理。有了一年以上准确数据的积累，就可以进行各个层面的数据挖掘与分析。根据指标随时监控企业的运行状况，做到提前预知事态发展，及时采取措施趋利避害。

（3）软件良好的表现形式是系统成功的应用，保障信息系统的应用需要人们改变原来通过纸张阅览和传递信息的形式，因此要尽最大的可能去适应操作人员特别是管理人员的习惯，以最简单、最直观形式将各种信息展示出来。

5. 应用效果与效益

由于系统的完善应用，易通物流公司在相关岗位的人力投入减少 50% 以上，差错率降低了 80% 以上，整个效率提高了 46 倍。另外，系统的统计分析功能使得公司管理层能够及时准确地看到整个业务发展、货物流量和财务状况，因而为管理层的决策（战略决策和阶段休整决策以及突发事件决策等）提供了重要的数据支持。另外，系统对业务流程的再造和实施起到了重要的导向和保障作用，提高了企业的竞争力。

6. 专家点评

本系统是易通交通信息发展有限公司易通物流分公司自行开发、自行应用的物流信息系统，具有成本低、简明实用的特点，并伴随企业的发展不断改进。目前已经在信息的跟踪服务和数据挖掘应用等方面进行了有益的探索，说明小企业的客户也会有先进的需求，只是要采用更加适用的解决方案才能满足客户。该公司利用本系统实现了物流全流程的整合，在物流和配送领域实现了迅速成长，也成为该领域小企业信息化应用的一个成功案例。

思考题

1. 什么是项目的风险？如何识别项目的风险？

2. 有哪些评估项目风险的方法？每一种方法是如何进行评估的？

3. 风险应对的办法有哪些？请给每一种方法举例说明。

4. 项目后评价的作用是什么？

5. 项目后评价的指标体系是什么？项目后评价的主要内容有哪些？

案例五　某商场会计核算信息系统代码设计

案例内容：

某大型综合商场目前经营着 18 个大类共 3 500 多种商品的批发零售的流通业务。由于地处闹市中心，营业情况良好。商场总经理要求商品管理部门和信息处理部门协助财务部门抓紧做好商场会计电算化系统的开发工作，计划中的会计核算信息系统应包含有：

（1）商品进销核算模块；

（2）成本价格核算模块；

（3）商品流转库存核算模块；

（4）账务处理模块；

（5）专用基金核算模块；

（6）固定资产核算模块；

（7）工资核算模块等主要功能模块。

根据综合商场流通业务频繁、信息资料量大、种类又很繁多的特征，信息处理部门的相关工程师认为应当十分重视信息系统的代码设计工作，即对每种商品、每一个明细科目，每项固定资产、每个职工和每一个有关流通环节等均应规定并且编制好相应的代码，以利于计算机能对各类数据实施有效的登录、入库、分类、排序、合并、检索、修改、计算加工、统计分析等各类操作与处理。

为此，相关工程师提出了下列五条编码设计原则：

代码设定的唯一性——使每一信息处理对象仅有一个代码，同时，每一个代码只能唯一地代表某一信息处理对象。

代码设定的简洁性——要使代码结构、类型与格式等尽可能的简明，代码占用的位数尽可能的短，这样可以实现占用空间容量小，处理效率高，输入等各类操作速度快，并且可以减少差错。

代码的标准化和规范化——在对外接口上尽量采用国际和部颁标准，努力向有关的国际标准靠拢，以利于信息的交流、共享与推广使用。在代码的结构、类型与格式等方面，应在保留信息类的本质特征的基础上，使代码尽可能实现系统化与一致化，有助于明确的区分信息处理对象，加速分类与检索等各类有关处理。

代码的自然合理性和可记忆性——编码采用的形式应力求符合信息分类体系的自然特征，合理的使用编码与信息分类直接相关。凡在面向用户的场合，代码的格式、类型与取值范围等应尽可能选择让用户容易记忆的数据形式，有助于在信息处理的有关环节中使用，特别是在输入/输出人机界面上保证效率和操作准确性。

代码的实用性和高效性——代码设计应充分反映出相应信息对象的特点，除了在有关场合让用户易于理解与掌握外，更应进一步考虑使所编制的内部代码有助于数据库的定义、建立、操作与维护，方便计算机进行内部处理，如便于查看、录入、归档和检索等，目标是提高信息系统的有关性能和运行效率。

除了上述的代码原则，相关工程师进一步建议，可以针对不同的对象分别采用顺序码或区间码，包括可灵活地去设定下列各种形式的代码：

（1）数字型代码；

（2）英文或拼音字母型代码；

（3）简明的中文汉字型代码；

（4）混合型代码；

（5）以上述各类代码作为代码段组合而成的代码。

思考题

商场的相关负责人在审核代码设计原则时，认为在这些代码设计原则中还缺少了一项十分重要的原则，请简要叙述。

相关工程师在组织实施代码设计时，初步决定对"商品"这一类对象在系统内部处理时，可采用某种混合型代码。为了方便检索、排序与分类等操作，既能考虑到大类特征又可区分出大类里每一种商品，针对该商场经营商品特点的高效率的"商品"的内部代码，最少可以由多少个字符所组成？为什么？

附　录

附录1　可行性分析报告参考格式

1　引言

1.1　编写目的

说明可行性分析的必要性。

1.2　背景

简述项目的来源、现状、研发组织、要求、目标等。

1.3　术语定义

将该可行性分析中的术语、缩写词进行定义。

1.4　参考资料

2　现行系统调查

2.1　组织机构与业务范围

2.1.1　组织概况
2.1.2　各部门业务范围及职能说明

2.2　组织信息处理流程

现行信息处理办法与流程可用业务流程图表示。

2.3　现行系统存在的问题

3　新系统概述

3.1　目标

3.2　新系统功能范围及划分说明

划分子系统，画出系统总体结构图。

4 可行性综合评述

4.1 经济可行性

对需要的资金与其他资源进行估计，并分析可能的效益。

4.2 技术可行性

分析现有技术能否解决系统问题。

4.3 管理可行性

5 方案选择

5.1 首选方案

5.2 可选方案

5.3 方案对比

6 结论

6.1 可着手组织开发

6.2 不能进行或不必进行

6.3 需对开发目标进行某些修改

附录2 系统分析报告参考格式

1 引言

说明项目名称、目标、功能、背景、引用资料等。

2 现行系统概况

（1）现行系统情况调查说明（现行系统流程和概况图表及说明）。

（2）系统需求说明（现行系统存在的主要问题、用户要求等）。

3 新系统逻辑设计

3.1 新系统的目标

提出更加明确和具体的新系统目标。

3.2 新系统的逻辑模型

各个层次的数据流图、数据字典、处理逻辑表达工具及其他有关的图表说明。

4 实施计划

4.1 工作任务分解

根据资源及其他条件,确定子系统开发的优先顺序,在此基础上分解工作任务。

4.2 时间进度安排

4.3 资源补充,包括人员、资金、设备等各方面

4.4 预算:对开发费用进一步预估

附录3 系统设计报告参考格式

1 引言

说明项目的名称、背景、工作条件及约束、引用资料、所用术语。

2 系统总体设计方案

2.1 功能结构设计

用结构图表示系统模块层次结构,说明主要模块的名称功能。

2.2 代码设计

说明所用代码的种类、功能、代码表等。

2.3 输入设计

说明输入的项目、主要功能、输入要求等。

2.4 输出设计

说明输出的项目、主要功能、输出的接受者等。

2.5 界面设计

说明界面的格式、空间的应用和操作方法。

2.6 数据存储设计

说明数据设计的目标、主要功能、需求性能规定、运行环境要求、逻辑设计方案、物理设计方案。

2.7 物理配置方案设计

说明系统的软硬件配置及网络结构、功能设计。

附录 4 Visual Baisc 程序设计基础知识

1 Visual Basic 程序设计概述

1.1 Visual Basic 简介

1.1.1 Visual Basic 的发展

（1）20 世纪 60 年出现 Basic 语言出现。

（2）20 世纪 80 年代，True Basic、Quick Basic 和 Turbo Basic 等语言出现。

（3）1991 年 Microsoft 公司推出 Visual Basic1.0，以可视化工具为界面设计、结构化 Basic 语言为基础，以事件驱动为运行机制。从 1991 年的 VB1.0 至 1998 年的 VB6.0 经历了多次版本升级，功能更强大、完善，应用面更广。

（4）2002 年正式发布 Visual Basic.NET。

1.1.2 Visual Basic 的特点

（1）功能完善。

（2）可视化。

（3）事件驱动。

1.2 Visual Basic 集体开发环境

1.2.1 Visual Basic 集成开发环境

Visual Basic 集成开发环境是一个功能非常强的操作界面，在这里用户可以新建程序、设置属性、编写代码、调试程序、生成 exe 等，这样大大地提高了 Visual Basic 应用程序的开发效率。集成开发环境包含主窗口、属性窗口、工具箱窗口、代码编辑窗口、窗体设计窗口共 5 个窗口。Visual Basic 集成开发环境如图 1 所示。

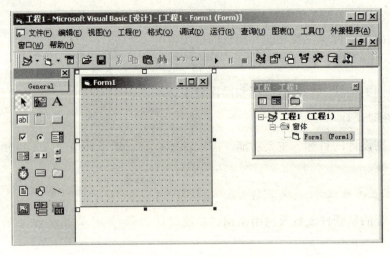

图 1 Visual Basic 集成开发环境

1.2.2　主窗口

主窗口由标题栏、主菜单和工具栏三部分组成。

（1）标题栏：显示当前的程序的状态，如工程名称、程序是处于开发设计状态还是运行状态。

（2）主菜单：由 13 个菜单构成，其中最常用的菜单有文件、编辑、工程、运行等。这几个主要菜单的功能如下。

①文件：包括文件操作的所有选项，如打开、保存、添加、删除和打印等。

②编辑：包括正文的编辑和控件的编辑的操作选项。

③工程：包括添加构件到当前工程、在工具箱中添加新工具选项等。

④运行：包括程序的运行、终止、设置断点。

（3）工具栏：工具栏在菜单栏的下面，最常用的菜单项都可以在工具栏中找到相应的按钮。

主窗口如图 2 所示。

图 2　主窗口

1.2.3　窗体窗口（代码设计窗口）

窗体窗口是应用程序的界面，控件都添加在这里，窗体窗口中有一些点，用于窗体内控件的对齐，窗口窗体的四周有八个点用于调节窗口的大小（高度和宽度）。窗体窗口如图 3 所示。

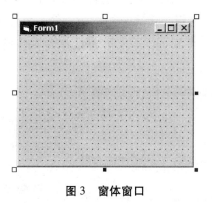

图 3　窗体窗口

1.2.4　属性窗口

属性窗口用于设置窗体或者控件的属性。属性窗口如图 4 和图 5 所示。属性窗口的最上面是对象列表框，在这里可以选择需要设置属性的对象，选择该对象后，属性窗口的下面就显示该对象的属性。属性窗口的下面分为两列，左边是属性字段，右边是该属性的具体值。选择某个属性字段后，可以在其右边设置相应的属性值。属性字段可以按照字母顺序显示或者按照分类顺序显示。

图 4　按字母顺序显示属性的属性窗口　　　图 5　按分类序显示属性的属性窗口

1.2.5　项目窗口

项目窗口又叫做资源管理器，用于整理工程中的每一个文件，例如窗体文件、资源文件、模块文件等。项目窗口如图 6 所示。

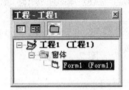

图 6　项目窗口

1.2.6　工具箱窗口

工具箱中有一些最常见的控件，控件是程序设计的界面元素。可以向工具箱中添加控件，添加方法是，鼠标右键单击工具箱的空白处，出现菜单，选择【部件】，则弹出【部件】对话框，在对话框中选择需要的组件，并按【确定】按钮，则相应的控件被添加到工具箱中。如图 7、图 8、图 9 所示。

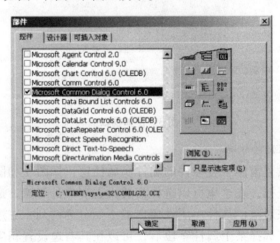

图 7　工具箱　　　图 8　通过部件对话框向工具箱中添加控件　　　图 9　添加后效果

1.3 创建应用程序的过程

建立一个应用程序分为以下几步：

（1）建立用户界面的对象；

（2）对象属性的设置；

（3）对象事件过程及编程；

（4）保存和运行程序。

2 VB 可视化编程基础

2.1 VB 对象的概念

2.1.1 对象和类

对象：现实生活中的对象就是人们所说的"东西"，如太阳系、太阳、月亮。Visual Basic 中的对象有：窗体、标签、命令按钮等。

类：VB 工具箱中的可视图标是 VB 系统设计好的标准控件类。通过将控件类实例化，得到真正的控件对象。在窗体上画一个控件，就将类转换为对象，创建了一个控件对象。

例如：工具箱内的 TextBox 是类（它确定了 TextBox 的属性、方法和事件），窗体上显示的是两个 TextBox 对象。

2.1.2 对象的属性、事件和方法

属性、事件和方法构成对象的三要素。

（1）属性：存放对象的数据（决定对象外观及功能）。

例如，控件名称、文本、大小等属性。

对象属性的设置方法：

·设计阶段：利用属性窗口直接设置属性值。

·程序运行时：通过语句"对象名.属性名＝属性值"实现。

例如：Command1. Caption ＝ "确定"

注意：若属性只能在设计阶段设置，在程序运行阶段不可改变，称为只读属性。

（2）事件：发生在对象上的事情。

VB 为对象预先定义了一系列的事件。例如，单击【Click】、获取焦点 GotFocus、按下键盘【KeyPress】等。

事件过程：应用程序处理事件的步骤。

应用程序设计的主要工作就是为对象编写事件过程的代码。事件过程的形式如下：

Sub 对象名_ 事件（参数）

　…事件过程代码

End Sub

（3）方法：面向对象的程序设计语言，为程序设计人员提供了一种特殊的过程和函数。

方法是面向对象的，调用时一定要指明对象。对象方法的调用格式为：

［对象.］方法［参数名表］

若省略对象，则表示当前对象，一般指窗体。

例如：Text1. SetFocus

此语句使 Text1 控件获得焦点，光标在本文框内闪烁。

2.2 窗体和基本控件

2.2.1 通用属性

（1）Name（名称属性）：所创建的对象名称，在程序中引用。

（2）Caption（标题属性）：该属性决定了对象上显示的内容。

（3）Height、Width、Top 和 Left 属性：决定对象的高度、宽度、顶部和位置。

（4）Enabled 属性：对象是否允许操作。

（5）Visible 属性：对象是否可见。

（6）Font 属性组：文本的外观。

· FontName：字体。

· FontSize：大小。

· FontBold：粗体。

· FontItalic：斜体。

· FontStrikethru：删除线。

· FontUnderline：下划线。

（7）ForeColor 属性：前景颜色。

（8）BackColor 属性：背景颜色。

（9）MousePointer 属性：鼠标指针类型。

MousePointer 设置值范围 0~15，由系统指定 。若为 99，由用户提供的图形文件定义鼠标指针形状。

（10）MouseIcon 属性。

在 MousePointer 属性值为 99 时，存放在自定义的鼠标图标文件（. ico 或. cur）里。图标库在 Graphics 目录下。

2.2.2 窗体

窗体是 Visual Basic 程序的界面。窗体有以下最常用属性：

（1）Name：窗体的名称，程序运行的时候是根据名称来区分不同对象的；

（2）BorderStyle：窗体的外观样式，边框样式；

（3）Caption：窗体的标题；

（4）BackColor：窗体的颜色；

（5）ForeColor：窗体上字的颜色；

（6）Picture：窗体上显示的图片；

（7）WindowState：窗体的初始状态。

窗体有以下常见的事件：

（1）Load 事件：发生在窗体装入内存运行的时候；

（2）Unload 事件：发生在窗体卸载的时候；

（3）Click 事件：用鼠标单击窗体发生 Click 事件；

（4）DblClick 事件：双击窗体触发该事件。

窗体有以下常用的方法：

（1）Print 方法：在窗体上输出表达式；

（2）Cls 方法：将窗体上输出的文字清空；

常用的事件有 Click、DblClick 和 Load。

Load 事件是在窗体被装入工作区时触发的事件。当应用程序启动，则自动执行该事件，该事件通常用来在启动应用程序时对属性和变量进行初始化。

2.2.3　标签

标签用来显示文本信息（不能输入）。

标签用于设计在用户界面上不能被使用者修改的只读的义字内容。标签的常用属性有：

（1）Alignment：标签的文字的对齐方式，0 表示左边对齐，1 表示右边对齐，2 表示中间对齐；

（2）AutoSize：可自动调节标签的大小。值为 True 时，标签的大小与文字的大小一致，值为 False 时标签的大小固定，不会随文字的大小的改变而改变；

（3）BackStyle：标签的背景是否透明，0 表示背景透明，1 表示背景不透明；

（4）Caption：标签上显示的文字；

标签的事件使用较少。主要事件有：Click 事件、单击标签触发 Click 事件。

2.2.4　文本框

文本框主要用于在程序中改变显示的文字，文本框一般具有复制、剪切、删除、粘贴等编辑功能。

（1）文本框的常见属性

①Text：显示或输入的正文内容。

②Maxlength：设置文本框可输入的文字最大长度，默认值为 0，表示可以输入任意长字符串。

注意：在 VB 中字符长度以字为单位，也就是一个西文字符与一个汉字都是一个字，长度为 1。

③MultiLine：多行属性。

设置为 True 时，文本框可以输入或显示多行正文，同时具有文字处理器的自动换行功能，按 Enter 键可插入一空行。

④ScrollBars：滚动条属性。

·None：无滚动条。

·Horizontal：水平滚动条。

·Vertical：垂直滚动条。

·Both：同时加水平和垂直滚动条。

当 MultiLine 为 True 时，ScrollBars 才有效。

⑤PassWordChar：设置显示文本的替代符。例如，当设置为"＊"，则在文本框输入

的内容均以"＊"显示，而存储的值是用户输入的原文，一般用于设置口令的输入。

当 MultiLine 为 True 时，该属性不起作用，密码不允许多行。

⑥Locked：指定文本控件是否可被编辑，默认值为 False（可编辑），当设置为 True 时，文本控件相当于标签控件的作用。

⑦文本内容进行选择操作。

·SelStart：选定的正文开始位置。

·SelLength：选定的正文长度。

·SelText：选定的正文内容。

这三个属性互相关联，例如设置 SelStart、SelLength 后，SelText 自动存放指定的文本。

（2）文本框的常见属性

①Changed 事件

当 Text 属性值发生改变时引发 Changed 事件。

例如：在文本框每输入一个字符就引发一次事件。

②KeyPress 事件

按下并且释放键盘上的一个键时，引发焦点所在控件的 KeyPress 事件，所按键的值存放在参数 KeyAscii 中。

例如：对回车的判断，KeyAscii = 13。

③LostFocus 事件

对象失去焦点时发生 LostFocus 事件。

该事件主要是用来对数据进行验证和确认，常用于检查 Text 属性的内容。

④GotFocus 事件

GotFocus 事件与 LostFocus 事件相反，当一个对象获得焦点时发生。

（3）文本框的方法

Set Focus，把光标移到指定的文本框中。其形式如下：

［对象.］SetFocus

2.2.5 命令按钮

命令按钮是 Visual Basic 中使用最频繁的控件之一。

（1）命令按钮常用属性

①Name：窗体的名称属性。

②Caption：命令按钮的标题属性。

③Cancel：该属性的值有 True 和 False，设置为"True"，按【ESC】键就等价于点击该按钮。

④Enabled：按钮是否有效，值为"True"时，表示按钮有效，值为"False"时表示该按钮无效。

⑤Style：按钮的样式，0 表示标准样式，1 表示图形样式。

⑥Visible：值为"True"时按钮显示，值为"False"时按钮在运行时不显示。

（2）命令按钮常见的事件

Click 事件：用鼠标单击按钮触发该事件。

3 VB语言基础

3.1 VB数据类型

VB数据类型如图10所示。

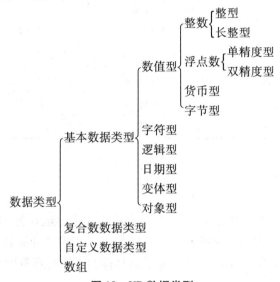

图10 VB数据类型

3.2 常量与变量

3.2.1 常量

常量是在程序运行中不变的量,VB有三种常量:

(1)直接常量:其常数值直接反映了其类型。

(2)符号常量:用户声明,便于程序阅读或修改。

Const 符号常量名[As 类型]=表达式

例如:Const PI = 3.14159

(3)系统常量:系统提供许多内部常量。

例如:vbCrLf 回车/换行组合符

常量声明格式:

[Public | Private] Const 常量名[as type] =value

3.2.2 变量

(1)变量的命名规则

①以字母或汉字开头,后面可跟字母、数字或下划线组成。

②变量名最长为255个字符。

③VB中不区分变量名的大小写,不能使用VB中关键字。

(2)声明变量有两种方式:显式声明和隐式声明。

①显式声明语法。

声明格式:Dim|Static|Public|Private <变量名> As <数据类型>

语句功能：声明变量并分配存储空间。

②隐式声明语法。

声明格式：Dim <变量名>（或者不声明变量，而直接使用变量）

变量作用域，如表1所示。

表1 不同作用域变量的声明方式

作用范围	局部变量	模块级变量	公共变量
声明方式	Dim, Static	Dim, Private	Public
变量的声明位置	过程内部	模块的声明段	模块的声明段
本模块中其他过程能否访问	不能	能	能
其他模块能否访问	不能	不能	能

3.3 运算符和表达式

3.3.1 运算符

和其他语言一样，VB 中也具有丰富的运算符，通过运算符和操作数组合成表达式，实现程序编制中所需的大量操作。运算符是表示实现某种运算的符号。VB 中的运算符可分算术运算符、字符串运算符、关系运算符和逻辑运算符四类。

（1）算术运算符

注意：对算术运算符两边的操作数应是数值型，若是数字字符或逻辑型，则自动转换成数值类型后再运算。

例如：

30-True 结果是 31，逻辑量 True 转为数值-1，False 转为数值 0。

False + 10 + "4"结果是 14

例：5+10 mod 10 \ 9 / 3+2 ^2 结果：10。

（2）字符串运算符

·&：两旁的操作数可任意，转换成字符型后再连接。

·+：两旁的操作数应均为字符型。

①数值型：进行算术加运算。

②一个为数字字符，另一个为数值，自动将数字字符转换为数值后进行算术加。

③一个为非数字字符，另一个为数值型，出错。

例如见表2。

表2 字符串运算符

操作	结果	操作	结果
"ab" & 123	"ab123 "	"ab" + 12	出错
"12" & 456	"12456 "	"12" +456	468
"12" & True	"12True"	"12" +True	11

（3）关系运算符

关系运算符是双目运算符，作用是对两个操作数进行大小比较，若关系成立，则返回 True，否则返回 False。操作数可以是数值型、字符型。

（4）逻辑运算符

逻辑运算符除 Not 是单目运算符外，其余都是双目运算符，作用是将操作数进行逻辑运算，结果是逻辑值 True 或 False，如表 3 所示。

表 3　　　　　　　　　　　　　　　　逻辑运算符

运算符	说明	优先级	说明	例	结果
Not	取反	1	当操作数为假时，结果为真	Not F	T
And	与	2	操作数均为真时，结果才为真	T And F T And T	F T
Or	或	3	操作数中有一个为真时，结果为真	T Or F F Or F	T F
Xor	异或	3	操作数相反时，结果才为真	T Xor F T Xor T	T F

（5）运算符的优先顺序

在一个表达式中，如果同时有多个运算符存在，则它们的优先顺序由高到低依次为：算术运算符→字符运算符→关系运算符→逻辑运算符。

算术运算符的优先级顺序由高到低依次为：

$\wedge$（指数运算）；$-$（负数）；$*$，$/$（乘法，浮点除法）；$\backslash$（整数除法）；Mod（取模运算）；$+$，$-$（加法，减法）。

其中，"$*$""$/$"具有相同的优先级；"$+$""$-$"具有相同的优先级。

在关系运算符中，所有的运算符具有相同的优先级。

3.3.2　表达式

（1）组成：变量、常量、函数、运算符和圆括号。

（2）书写规则

·运算符不能相邻，例如 a+ −b 是错误的。

·乘号不能省略，例如 x 乘以 y 应写成：x $*$ y。

·括号必须成对出现（均使用圆括号）。

·表达式从左到右在同一基准上书写，无高低、大小。

（3）不同数据类型的转换

运算结果的数据类型向精度高的数据类型靠。

Integer<Long<Single<Double<Currency

（4）优先级

算术运算符>＝字符运算符>关系运算符>逻辑运算。

3.3.3　常用内部函数

VB 函数分为内部函数和用户自定义函数。

（1）算术运算函数

例：Abs（-8）= 8

Sqr（25）= 5

Sgn（8）= 1

Sgn（0）= 0

Sgn（-8）= -1

Fix（3.57）= 3

Fix（-3.57）= -4

Int（3.57）= 3

Int（-3.57）= -4

Exp（3）= e^3

Log（3）= Ln（3）。

（2）字符串函数

例：Len（"World"）= 5

Left（"Hello"，2）= "He"

Right（"Something"，3）= "ing"

String（3，"*"）= "***"

InStr（"abc"，"ab"）= 1

InStr（1，"pretty"，"re"）= 2

Ucase（"World"）= "WORLD"

Lcase（"World"）= "world"

Chr（65）= "A"

Str（65）= "65"

Asc（"A"）= 65。

（3）日期与时间函数

例：使用 Weekday 函数将日期转换为星期一至星期日的某一天。

程序代码如下：

```
Dim MyDate，MyWeekDay
MyDate = #08/16/2000#
MyWeekDay = Weekday（MyDate）
'MyWeekDay 的值为 4，因为 MyDate 是星期三。
```

（4）转换函数

（5）判断与测试函数

（6）其他函数

①随机数函数

语法：Rnd［（number）］

功能：产生一个 0 到 1 之间的随机数，不包括 0 和 1。

例：使用 Rnd 函数随机生成一个 1 到 6 的随机整数。

MyValue ＝ Int （ （6 ∗Rnd） ＋ 1）

Randonmize 语句的格式是：Randonmize ［ （x） ］

②Shell 函数

Shell 函数可调用各种应用程序。格式如下：

Shell （命令字符串 ［，窗口类型］ ）

命令字符串为要执行的应用程序名（包括路径），必须是可执行文件（.com、exe、.bat）。

窗口类型表示执行应用程序的窗口状态，0~4 和 6 的整型数值，1 表示正常窗口状态。

函数调用成功返回一个任务标识 ID，不成功，则返回 0。

3.4　程序结构和编码规则

VB 的代码编写窗口如图 11 所示。

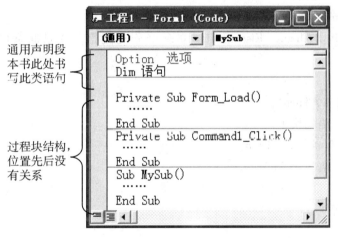

图 11　代码窗口

3.4.1　编码规则

（1）VB 代码不区分字母的大小写

关键字、首字母自动转换成大写，其余字母转换成小写。

用户自定义的变量、过程名，以第一次定义的为准，以后输入的自动转换为首次定义的形式。

（2）语句书写自由

一行上可书写多句语句（用冒号分隔），一行最多 255 个字符。

单行语句可分若干行书写，在本行后加入续行符（空格和下划线）。

3.4.2　程序结构

（1）顺序流程控制

程序的基本运行方式是以自上而下的顺序执行各条语句，被称做顺序结构。对于简单的问题，依靠顺序结构就可以完成任务；但对于稍微复杂一点的问题，单纯依靠顺序结构也许就不解决，而必须在程序中加入更多的控制。程序流程的控制是通过有效的控制结构来实现的，包括分支结构和循环结构。

（2）分支结构

分支结构的作用是使程序依照条件走不同的支路。Visual Basic 支持的分支结构有：

①If… Then

②If… Then… Else

③Select Case

程序中，往往根据需要选择合适的分支结构。

· If… Then 语句

用 If… Then 结构可以有条件地执行其结构内的一条或多条语句。

语法格式：

   If 条件表达式 Then

      多条语句

   End If

· If… Then… Else 语句

可以使用 If… Then… Else 语句建立多个分支流程，并根据条件选择其中一个分支。

语法结构：

   If 条件 1　Then

        ［语句块 1］

    ［ElseIf 条件 2　Then

        ［语句块 2］］…

   Else

   ［语句块 n］］

   End If

· Select Case 语句

语法结构是：

   Select Case 测试条件

      ［Case 表达式 1

       ［语句块 1］］

      ［Case 表达式 2

       ［语句块 2］］

      ［Case Else

       ［语句块 n］］

    End Select

（3）循环结构

循环结构的作用是允许某个程序段被重复执行。Visual Basic 支持的循环结构有：

①Do… Loop

②For… Next

③For Each… Next

程序中，往往根据需要选择合适的循环结构。

·Do… Loop 循环

Do… Loop 语句是通过计算条件值来决定是否继续执行，从而产生循环效果。Do… Loop 语句有几种演变形式。

形式一：

    Do While 条件表达式

        语句块

    Loop

形式二：

    Do Until 条件表达式

        语句块

    Loop

形式三：

    Do

        语句块

    Loop While 条件表达式

形式四：

    Do

        语句块

    Loop Until 条件表达式

·For… Next 循环

在知道要执行多少次时，则可以使用 For… Next 循环。与 Do 循环不同，For… Next 循环使用一个叫做计数器的变量，每重复一次循环之后，计数器变量的值就会增加或者减少。

For… Next 循环的语法如下：

    For 计数器 = 初始值 To 终止值［Step 增量］

        语句块

    Next［计数器］

其中，计数器、初始值、终止值和增量都必须是数值型的变量。

·For Each… Next 循环

For Each… Next 循环与 For… Next 循环类似，但它是以对象集合中的每一个元素作为重复依据的，而不是按次数重复。如果不知道一个集合有多少元素，For Each… Next 循环非常有用。

语法格式：

    For Each 元素 In 集合

        语句块

    Next 元素

4 用户界面设计

4.1 常用控件

4.1.1 单选按钮、复选框和框架

（1）单选按钮（OptionButton）

单选按钮以组的形式出现，允许选择一项。

①主要属性

·Caption 属性：按钮上显示的文本。

·Value 属性：表示单选按钮的状态。

◆True ——被选定

◆False ——未被选定

②主要事件

Click 事件，单击后使 Value 属性为 True。

（2）复选框（CheckBox）

①主要属性

Value 属性值为整型，表示复选框的状态。

◆0 —— vbUnchecked 未选定

◆1 —— vbChecked 被选定

◆2 —— vbGrayed 灰色，并显示一个选中标记。

②主要事件

Click 事件，单选钮和复选钮都可以按收 Click 事件，但一般不要编写 Click 事件过程，因为当单击单选钮或检查框时，它们会自动改变状态。

（3）框架（Frame）

框架主要作为容器放置其他对象，也用于修饰界面，其主要属性如表 4 所示。

表 4   **框架的主要属性**

属性	说明
Caption	设置框架的标题
Font	设置框架标题的字体
Forecolor	设置框架标题文字的颜色
Enabled	设置框架是否可用

框架可以响应 Click 事件和 DoubleClick 事件，但一般不需要编写事件过程。

备注：框架控件作为容器时，其作用主要是对控件进行分组，操作时注意下面问题：

①放在容器中的对象跟随容器移动，删除容器将同时删除其中的所有对象。

②为框架添加对象时，首先选中框架，再为其添加其他对象。

4.1.2 滚动条

滚动条的主要作用是：

①与不支持滚动的控件（如窗体）配合使用，给它们提供滚动查看的功能。

②实现数据的连续调整，如控制声音音量或调整图片颜色等。

滚动条分为垂直滚动条 VScroll 和水平滚动条 HScroll。

（1）主要属性

滚动条的各种属性如图 12 所示。

· Name——HScroll 和 VScroll。

· Max——最大值（-32，768~32，767）。

· Min——最小值（-32，768~32，767）。

· Small Change：单击滚动条两端箭头时，滑块移动的增量。

· Large Change：单击滚动条空白处时，滑块移动的增量。

· Value（默认属性）—滑块位置所代表的值。

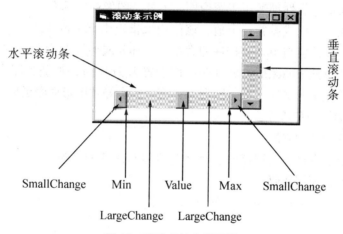

图 12 滚动条的各种属性

（2）主要事件

· Scroll 事件：拖动滑块时会触发 Scroll 事件。

· Change 事件：Value 属性改变时触发 Change 事件。

4.1.3 图片框和图像框

图片框控件（Picture Box）和图像框控件（Image）主要用来为用户显示图片（包括位图、图标、图元文件、JPEG 或 GIF 文件格式的图像）。

图片框控件和图像框控件有一定的区别，用户可以根据实际情况选择相应的控件。这两个控件的主要有以下几点不同：

· 图片框控件除了可以显示图形外，还可以作为其他控件的容器。图片框控件不能伸缩图形以适应控件的大小，但可以自动调整控件的大小以便完整显示图形。

· 图像框控件占用内存比图片框少，显示速度快，可以通过属性设置伸展图片的大小使之适应控件的大小。图像框内不能存放其他控件。

（1）主要属性

①图片框的常用属性

图片框的属性除 Name、Left、Top、Height、Width、Enabled、Visible、FontBold、FontItalic、FontName、FontSize、FontUnderline、AutoRedraw 等通用属性外，还有下列主要属性：

· Picture 属性

该属性用于设置控件要显示的图形。该属性不管是在属性窗口中设置还是在运行时由程序代码设置，均需要完整的路径和文件名。

· AutoSize 属性

返回或设置控件大小能否自动调整，以完整显示图形；如果设置为 True，控件则自动调整以适应加载的图形；如果设置为 False，若图形的原始大小比控件尺寸大，超出部分则自动被裁掉。

②图像框属性

图片框的大部分属性都适用于图像框。另外，图像框还具有 Stretch 属性。

Stretch 属性：返回或设置一个值，该值用来指定由 Picture 属性设定的图形是否要自动调整大小，以适应与 Image 控件的大小。Stretch 属性设置为 False 时，图像框可自动改变大小以适应其中的图形；Stretch 属性设置为 True 时，加载到图像框的图形可自动调整尺寸以适应图像框的大小。图形的伸缩可能会导致图形质量的降低。

（2）图片的添加和清除

①添加图片的两种方法

· 设计阶段，直接通过窗体的 picture 属性进行图片的添加。

· 运行阶段，使用代码：

对象．Picture＝LoadPicture（"图片文件名"）

②清除图片方法

对象．Picture＝LoadPicture（ ）

4.1.4 定时器

计时器控件（Timer）是一个很特殊的控件，它主要有两个功能：一个是用于定时完成某项任务，即按一定时间间隔触发事件，有规律地隔一段时间执行一次相同的代码；另一个是进行某种后台处理。

计时器控件运行时不可见，所以它的位置无关紧要，通常用户只需在工具箱中双击它即完成了创建。

（1）主要属性

· Enabled：为 False 时定时器不产生 Tick 事件。

· Interval：触发 Timer 事件的时间间隔（ms）。

备注：Interval 属性是指触发计时器两个事件之间的毫秒数，取值范围为 1～65 535。如果该属性设置为 0（缺省值），则计时器控件失效。

（2）主要事件

计时器控件的最常用事件是 Timer 事件，也就是控件对象在间隔了一个 Interval 设定的时间后所触发的事件。无论何时，只要计时器控件的 Enabled 属性被设置为 True，而且 Interval 属性大于 0，则 Timer 事件以 Interval 属性指定的时间间隔发生。

4.2 通用对话框

VB 提供了一组基于 Windows 的标准对话框。利用通用对话框控件可在窗体上创建打开文件、保存文件、颜色、字体、打印等对话框。

通用对话框仅用于应用程序与用户之间进行信息交流，是输入、输出的界面，不能真正实现文件打开、文件存储、设置颜色、字体设置、打印等操作，如果想要实现这些功能则需要编程。

通用对话框的基本属性和方法。

（1）Action 属性和 Show 方法

Action 属性只能在程序中赋值；Show 方法用于打开对话框。

（2）DialogTiltle 属性：设置通用对话框标题。

（3）CancelError 属性

·True：选择取消按钮，Err. Number 设置为 32755（cdCancel）。

·False：选择取消按钮，没有错误警告。

4.2.1 打开文件对话框

由 ShowOpen 方法来实现。

重要属忄生：

（1）FileName：文件名称，包含路径。

（2）FileTitle：文件名，不包含路径。

（3）Filter：确定所显示文件的类型。

例如：Text Files｜＊. txt｜所有文件｜＊．＊显示文本文件和所有文件。

（4）FilterIndex：文件列表中指定某类型文件。

（5）InitDir：初始化路径。

4.2.2 保存文件对话框

由 ShowSave 方法来实现。

与打开文件对话框的属性基本相同，特有的属性是 DefaultExt 属性，用于设置缺省的扩展名。

4.2.3 颜色对话框

由 ShowColor 方法打开颜色对话框。

重要属性 Color，它返回或设置选定的颜色。

4.2.4 字体对话框

由 ShowFont 方法来实现，其主要属性：

·Font：获取选择的字体。

·Color：选定的颜色。

4.2.5 打印对话框

主要属性：

· FromPage：起始页号。

· ToPage：终止页号。

· Copies：打印份数。

如果打印驱动程序不支持多份打印，该属性有可能始终返回 1。

4.2.5 帮助对话框

帮助文件需要用其他的工具制作，如 Microsoft Windows Help Compiler。

主要属性：

· HelpCommand：在线帮助类型。

· HelpFile：Help 文件的路径及其名称。

· HelpKey：在帮助窗口显示由该帮助关键字指定的帮助信息。

4.3 菜单设计

菜单有下拉式菜单和弹出菜单（上下文菜单）。

4.3.1 菜单编辑器

菜单编辑器界面如图 13 所示。

菜单编辑器的启动方式：

①选择【工具/菜单编辑器】命令。

②利用快捷键【Ctrl+E】来调用"菜单编辑器"。

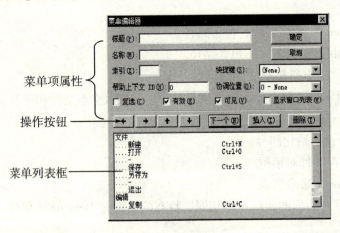

图 13　菜单编辑器

（1）主要属性

菜单项除了 Name、Visible、Enabled 等属性之外，还具有下列重要属性：

①Text：菜单项上显示的标题文本

在字符前加一个 & 符号构成热键。例如，输入"新建（&N）"，则菜单显示"新建（N）"，N 为热键。

菜单项的分隔符，输入一个减号"-"。

②ShortCut：设置菜单项的快捷键。

③Checked：控制菜单项左边是否显示"√"。

（2）主要事件

菜单项的事件 Click：为菜单项编写程序。

4.3.2　弹出菜单

弹出菜单是独立于窗体菜单栏而显示在窗体内的浮动菜单，显示位置取决于单击鼠标键时的位置。

设计过程与普通菜单相同。菜单弹出的方法如下：

［对象.］PopupMenu 菜单名［，标志，x，y］

备注：标志表示弹出的位置和触发的键。

例如：

Sub Text1_MouseDown(…)

  If Button = 2 Then PopupMenu EditMenu

End Sub

4.4　多重窗体

多重窗体是指一个应用程序中有多个并列的普通窗体，每个窗体有自己的界面和代码，具有不同的功能。

（1）添加窗体

通过【工程/添加窗体】命令，每个窗体有独立的 Frm 文件，同一工程不能有相同名称的窗体。

（2）设置启动对象

通过【工程/属性】指定启动对象（缺省为第一个创建的窗体）。

①窗体语句

·Load 语句：装入窗体到内存（不显示）。

语法格式：Load　窗体名称

·Unload 语句：从内存删除窗体。

语法格式：Unload 窗体名称　或　Unload Me

·Show 方法：显示窗体。

语法格式：［窗体名称］. Show［模式］

◆模式为 0：关闭才能对其他窗体进行操作。

◆模式为 1：可以同时对其他窗体进行操作。

·Hide 方法：隐藏窗体。　·

语法格式：［窗体名称.］Hide

②不同窗体数据的存取

·直接访问另一个窗体上的控件数据。

语法格式：另一个窗体名. 控件名. 属性

例如：Text1 = Val（Form2. Text1）+ Val（Form2. Text2）

·访问另一个窗体中的全局变量。

语法格式：另一个窗体名. 全局变量名

4.5 鼠标和键盘

4.5.1 鼠标

鼠标事件：需要注意事件发生在哪一个对象上。

·Click、DblClick 事件。

·MouseDown：按下任意一个鼠标按钮时被触发。

·MouseUp：释放任意一个鼠标按钮时被触发。

·MouseMove：移动鼠标时被触发。

4.5.2 键盘

KeyPress 事件：只对会产生 ACSII 码的按键有响应，参数 e 包含了与 KeyPress 事件相关的数据。

Øe. KeyChar：其值为所按键相应的 ASCII 码值。例如，键盘输入"小写 A"，e. KeyChar的值为"a"。

Øe. Handled：表示本次按键是否被处理过。若它为真，则表示已经被处理过，否则，将传送给 Windows 进行常规处理。设置 e. Handled 为真，即可忽略本次按键。利用这个特性可以在某些控件中过滤掉不允许的字符。

4.6 工具栏和状态栏

4.6.1 工具栏

工具栏为用户提供了应用程序中最常用的菜单命令的快速访问方式。

（1）工具栏控件添加方法

Toolbar 控件不是 VB 的标准控件，在使用前需要将其添加到工具箱中，具体的方法为：选择【工程/部件】命令，在【部件】对话框中选中【Microsoft Windows Common Controls 6.0（SP6）】项，即可添加一组控件到工具箱中，如图 14 所示。

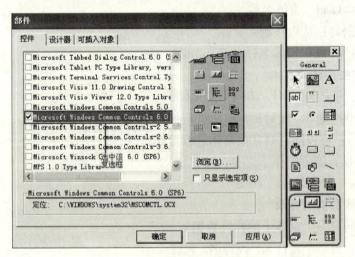

图 14　添加工具栏、状态栏控件

（2）VB 中创建工具栏

将"Microsoft Windows Common Controls 6.0"控件添加到工具箱后，通过 ToolBar 和

ImageList 组合建立工具栏，步骤：

①在 Image List 控件中添加所需的图像，如图 15 所示。

ImageList 控件不单独使用，专门为其他控件提供图像库。

索引（Index）、
关键字（Key）
在ToolBar中引用
图像文件的扩展名
为：.ico、.bmp、
.gif、.jpg等。

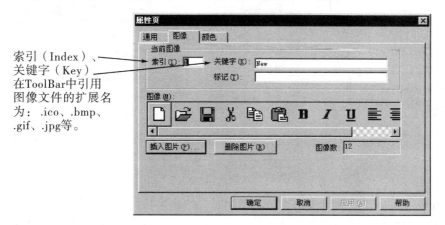

图 15　在 ImageList 控件中添加所需图像

②在 ToolBar 控件中创建 Button 对象。

A. 为工具栏连接图像，如图 16 所示。

ToolBar与
ImageList的连接

工具栏样式

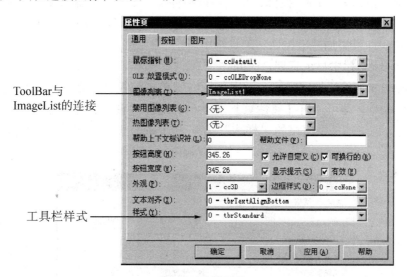

图 16　连接图像

B. 为工具栏增加按钮，如图 17 所示。

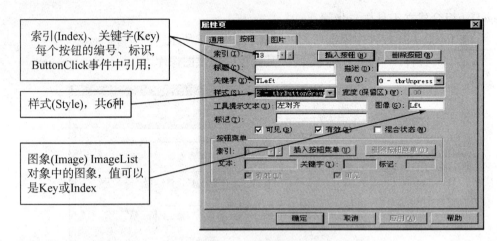

索引(Index)、关键字(Key)
每个按钮的编号、标识，
ButtonClick事件中引用；

样式(Style)，共6种

图象(Image) ImageList
对象中的图象，值可以
是Key或Index

图 17　添加按钮

C. 在 ButtonClick 事件中用 Select Case 语句对各按钮进行相应的编程。

4.6.2　状态栏

StatusBar 控件能提供窗体。StatusBar 最多能被分成 16 个 Panel 对象，这些对象包含在 Panels 集合中。

Statu Bar 控件是 ActiveX 控件，在使用该控件前需要先将其添加到工具箱中。选择【工程/部件】命令，在【部件】对话框中选中【Microsoft Windows Common Controls 6.0（SP6）】项，即可添加一组控件到工具箱中。

例题：在状态栏中显示日期、时间。

将 StatusBar 控件添加到窗体上，用鼠标右键单击该控件，在弹出的快捷菜单中选择【属性】命令，即可弹出【属性页】对话框。选择【窗格】选项卡，默认会自动创建一个窗格，设置第一个窗格的"样式"为 6-sbrDate，显示当前系统的日期，如图 18 所示。

图 18　状态栏设置

单击【插入窗格】按钮，插入一个窗格，设置第二个窗格的"样式"为

"2-sbrTime"，用于显示时间，如图 19 所示。

图 19　显示效果

5　数据库应用基础

5.1　数据库概述

5.1.1　关系数据库模型

（1）数据库

数据库是以一定方式组织、存储及处理相互关联的数据的集合，它以一定的数据结构和一定的文件组织方式存储数据，并允许用户访问。这种集合具备下述特点：

· 最少冗余；

· 数据资源共享；

· 数据独立性，即数据独立于使用它的应用程序；

· 由统一的软件系统管理和控制数据的增加、删除、修改和检索。

（2）数据库分类

数据库中数据的组织形式有很多种，按数据库使用的数据结构模型来划分，到目前为止，数据库可分为：

· 层次数据库：采用层次模型；

· 网状数据库：采用网状模型；

· 关系数据库：采用关系模型；

· 面向对象数据库：采用面向对象模型。

关系数据库中常用的术语有：

关系数据库的结构由表（专业术语称作关系）组成，每个表都有一个名称，称作表名，一般来说，同一个数据库中的表名不能相同。表中存储了一行行的数据，每一行数据称作一条"记录"（Record）。表中纵向列称做列，又称作"字段"（Field）。每一个字段（列）都有一个名称，称作字段名或列名。同一个表中，列名不能相同。应用程序通过表名和列名访问数据库中的数据。

· 主键（Primary Key）：又称做主码，它是能够唯一标识一条记录的一个或一组列（字段），去掉其中的某个列后，余下的列不能唯一标识表中的一条记录。

· 外部键（Foreign Key）：它由一个或多个属性组成，它或它们是另一个表的主键。通常使用外部键建立表之间的关系。

· 索引：索引是加快数据库访问的一种手段，目的是实现对数据行的快速、直接存取而不必扫描整个表。索引通常对一个或多个列表创建，表的索引字段的每个值在索引中都有一个入口，同时使用指针指向具有该值的数据行。

·视图：它是一个与真实表相同的虚拟表，用于限制用户可以看到和修改的数据量，从而简化数据的表达式。

·存储过程：它是一个编译过的 SQL 程序。在该过程中可以嵌入条件逻辑、传递参数、定义变量和执行其他编程任务。

（3）数据库管理系统（DBMS）

数据库管理系统是基于某种数据结构模型的、管理数据库并提供数据库访问接口的通用软件，它通常具备下述功能：

·数据库定义功能：提供数据定义语言 DDL，用户使用数据定义语言能够定义数据库的结构、数据完整性和安全性等约束条件。

·数据库操作功能：提供数据操作语言 DML，用户使用数据操作语言完成数据查询、插入、删除等操作。

·数据库运行、控制功能：提供数据安全性控制、数据完整性控制、多用户环境的并发控制以及数据库恢复等功能。

·数据库维护功能：提供数据加载、转储、数据库重组、性能分析与监控等功能。

·数据字典：存放数据库结构的描述等信息。

·数据通讯功能：实现联机处理、分时处理、分布式处理等功能。

5.1.2　VB 数据库访问

（1）VB 数据库应用程序的组成

VB 数据库应用程序由以下三部分组成：

·用户界面；

·数据库引擎；

·数据库。

（2）用户和数据库引擎的接口

用户和数据库引擎的接口（即数据访问接口）有如下几种：

·数据控件（Data Control）；

·数据访问对象（DAO）；

·远程数据对象（RDO）；

·ActiveX 数据对象（ADO）。

（3）VB6.0 可以访问的数据库类型

VB6.0 可以通过数据库引擎访问以下三类数据库：

·Jet 数据库：数据库由 Jet 引擎直接生成和操作，不仅灵活而且快速。Microsoft Access 和 VB 使用相同的 Jet 数据库引擎。

·ISAM 数据库：索引顺序访问方法（ISAM）数据库有几种不同的形式，如 DBASE、Microsoft FoxPro 和 Paradox。在 VB 中可以生成和操作这些数据库。

·ODBC 数据库：开放式数据库连接（ODBC），这些数据库包括遵守 ODBC 标准的客户/服务器数据库，如 Microsoft SQL Server、Sybase 以及 Oracle 等。VB 可以使用任何支持 ODBC 标准的数据库。

（4）VB 数据库应用程序的数据库访问过程

当今的数据库系统大都采用客户/服务器访问模式。我们用 Visual Basic 6.0 编写的访问数据库的应用程序通常位于客户端，它向数据库管理系统（数据库服务器）发送访问请求，数据库服务器分析客户程序的请求、操作数据，并向客户程序返回结果。

5.2　记录集对象

创建了数据库和数据库中的表之后，应用程序就可以通过多种方式访问数据库中的数据，包括添加、删除、检索等。

数据控件本身不能显示数据库的数据，只能通过设置数据控件的一些属性，链接指定的数据库文件，再借助数据绑定控件显示字段内容并接受更改。

5.2.1　浏览记录集

数据控件（Data 控件）是 VB 的基本控件，利用它可以在应用程序中访问前面所创建的数据库。

数据控件可以不用代码完成以下功能：

·完成对本地和远程数据库的链接；

·打开指定的数据库表，或者是基于 SQL 的查询集；

·将表中的字段传至数据绑定控件，并针对数据绑定控件中的修改来更新数据库；

·关闭数据库。

数据绑定控件（也称数据识别控件）是指能够与 Data 控件一起使用，从而操作数据库中数据的控件。常用的数据绑定控件如标签、义本框、图片框、图像框、复选框、列表框和组合框等，VB 还包括了若干种数据绑定的 ActiveX 控件，诸如 DataGrid、DataCombo、Chart 以及 DataList 控件等。用户也可以创建自己的数据绑定的 ActiveX 控件或从其他开发商购买控件。大多数数据绑定控件都有 DataSource 和 DataField 属性，前者指定绑定的数据源，后者指定绑定的字段。

（1）数据控件的属性

①Connect 属性

Connect 属性定义数据控件连接的数据库类型。

②DatabaseName 属性

DatabaseName 属性定义数据控件连接的数据库的名称。

③RecordSource 属性

RecordSource 属性定义数据控件操作的数据库表的名称。

④Exclusive 属性

Exclusive 属性指定数据库的打开方式。缺省值 False 表示允许多个程序同时以共享方式打开数据库，即支持用户的并发访问。如果把该属性的值设置为 True，则指定只允许一个应用程序以独占方式打开数据库。

⑤RecordsetType 属性

RecordsetType 属性指定数据控件产生的记录集的类型。该属性可以指定三种类型的记录集：Table、Dynaset、Snapshot。

⑥ReadOnly 属性

ReadOnly 属性指定数据控件产生的记录集是否为只读类型。该属性为 True 时，记录集只读，否则可读可修改。

注意：设计程序时定义该属性后，该属性就起作用了，但是，如果在程序中通过代码动态修改该属性的值，那么修改之后必须执行数据控件的 Refresh 方法，ReadOnly 属性的作用才能发挥出来。

⑦BOFAction 属性

BOFAction 属性指定记录集当前记录指针移动到第一条记录后，再向前移动时数据控件的操作方式。

⑧EOFAction 属性

EOFAction 属性指定记录集当前记录指针移动到最后一条记录后，再向后移动时数据控件的操作方式。

⑨Recordset 属性

Recordset 属性指定或返回数据控件对应的 Recordset 对象，该对象中保存了数据控件对数据库查询的结果记录集。

⑩RecordCount 属性

RecordCount 属性返回记录集对象中已经访问过的记录数或记录总数。需要返回记录集中的记录总数时，执行语句：

Recordset. MoveLast

Print　Recordset. RecordCount

（2）数据控件的方法

①Refresh 方法

在 Data 控件打开或重新打开数据库的内容时，Refresh 方法可以更新 Data 控件的数据设置。

②UpdateRecord 方法

UpdateRecord 方法能把当前的内容保存到数据库中，但不触发 Validate 事件。

③UpdateControl 方法

UpdateControl 方法能将 Data 控件记录集中的当前记录填充到某个数据绑定控件。

（3）数据控件的事件

①Error 事件

Error 事件在 Data 控件产生执行错误时触发。使用语法如下：

Private Sub Data1_ Error（DataErr As Integer, Response As Integer）

其中 Data1 是 Data 控件名字；DataErr 为返回的错误号；Response 设置执行的动作，为 0 时表示继续执行，为 1 时显示错误信息。

②Reposition 事件

Reposition 事件在某个记录成为当前记录后触发。通常是利用该事件进行以当前记录内容为基础的操作，如进行计算等。

③Validate 事件

Validate 事件在记录改变之前，和使用删除、更新或关闭操作之前触发。

（4） Recordset 对象

①Recordset 属性

·AbsolutePosition 属性

该属性用于标识记录集中的记录，以便在需要时快速地将记录指针指向一个记录。

·Bookmark 属性

该属性指示当前记录的位置。

②Recordset 方法

Recordset 属性本身也是 Recordset 对象，它提供了下述方法来操作对象中的数据：

·Move 方法

其功能是移动记录集中的当前记录指针。

向前移动 n 条记录时，使用语句：object. move   n。

向后移动 n 条记录时，使用语句：object. move   −n。

·MoveFirst 方法

将记录指针移动到第一条记录上。

·MoveLast 方法

将记录指针移动到最后一条记录上。

·MovePrevious 方法

将记录指针移动到前一条记录。

·MoveNext 方法

将记录指针移动到后一条记录。

·AddNew 方法

向数据库中增加新的记录。

·Edit 方法

编辑当前记录。

·Update 方法

把修改结果保存到数据库中。

·Delete 方法

删除记录集中的当前记录。

·FindFirst 方法

自首记录开始向下查询匹配的第一条记录。

·FindLast 方法

自尾记录开始向上查询匹配的第一条记录。

·FindPrevious 方法

自当前记录开始向下查询匹配的第一条记录。

·Find Next 方法

自当前记录开始向上查询匹配的第一条记录。

·Seek 方法

该方法只用于对表记录集类型的记录集中的记录进行查找。

·Close 方法

关闭记录集并释放系统资源。

5.2.2 记录集的编辑

使用 Data 控件和数据绑定控件来编辑、修改、增加、删除数据库中的数据的基本思路是：在窗体上放置几个文本框，用于编辑表中各个字段的数据。

实现步骤如下：

"添加记录"事件过程的代码：

```
Private Sub cmdAddNew_Click( )
……
Prompt $ = "请输入新记录各字段的值,然后单击数据控件上的左箭头按钮"
rc = MsgBox( Prompt $ , vbOKCancel, "添加记录")
If rc = vbOK Then            '如果用户单击"确定"按钮
    Data1. Recordset.AddNew
txtStNo.SetFocus
End If
……
End Sub
```

"添加记录"事件过程的代码：

```
Private Sub cmdDelete_Click( )
……
Prompt $ = "真的要删除记录吗?"
rc = MsgBox( Prompt $ , vbOKCancel, "删除记录")
If rc = vbOK Then            '当用户单击了"确定"按钮时
Data1. Recordset.Delete          '删除当前记录
Data1. Recordset.MoveNext
End If
……
End Sub
```

附录5 图书管理系统分析、 设计与实现的代码

1 图书查询模块代码

```
Private Subcommand1_Click( )
    On Error Resume Next
```

```
        rs1. Close
        rs1. CursorLocation = adUseClient
        rs1. Open "Select * From 书库 Where " & Combo1. Text & " ='" & Text1. Text &
"'" , cn, adOpenKeyset, adLockOptimistic
        Set DataGrid1. DataSource = rs1
        If rs1. RecordCount = 0 Then MsgBox "查无此书"
    End Sub


Private Sub Form_Load( )
    cn.Open "Provider=Microsoft.Jet.oledb.4. 0;Data Source=" & App.Path & " \Library.
mdb"
    Combo1. AddItem "书号"
    Combo1. AddItem "书名"
    Combo1. AddItem "作者"
    Combo1. AddItem "出版社"
    Combo1. AddItem "类别"
End Sub


Private Sub Form_Unload( Cancel As Integer)
    cn.Close
End Sub
```

2　图书管理模块代码

2.1　图书新增

```
Private Sub command1_Click( )
    Dim i As Integer
    If txt(0).Text = "" Or txt(1).Text = "" Or txt(2).Text = "" Or txt(3).Text = ""
Or txt(4).Text = "" Or Combo1. Text = "" Then
        MsgBox "请输入完整的信息!" , vbCritical, "警告"
        Exit Sub
    Else
        rs1. AddNew
        For i = 0 To 4
            rs1. Fields(i) = txt(i).Text
        Next i
        rs1. Fields(5) = Combo1. Text
        rs1. Fields(6) = "Yes"
```

```
        rs1. UpdateBatch adAffectCurrent
    End If
    MsgBox "图书新增成功!",, "提示"
    txt(0).Text = "ISBN-" & Right(rs1. Fields(0), 1) + 1
    For i = 1 To 4
        txt(i).Text = ""
    Next i
    Combo1. ListIndex = -1
End Sub


Private Subcommand2_Click()
    Unload Me
End Sub


Private Sub Form_Load()
    cn.Open "Provider = Microsoft. Jet. oledb. 4. 0; Data Source = " & App. Path & " \Li-
brary.mdb"
    rs1. Open "书库", cn, adOpenKeyset, adLockOptimistic
    rs1. MoveLast
    txt(0).Text = "ISBN-" & Right(rs1. Fields(0), 1) + 1
    txt(0).Enabled = False

    Combo1. AddItem "技术类"
    Combo1. AddItem "非技术类"
End Sub


Private Sub Form_Unload(Cancel As Integer)
    rs1. Close
    cn.Close
End Sub
```

2.2 图书编辑

```
Private Subcommand2_Click()
    Unload Me
End Sub


Private Subcommand1_Click()
```

```
    If txt(0).Text = "" Or txt(1) = "" Or txt(2) = "" Or txt(3) = "" Or txt(4) = ""
Or Combo1.Text = "" Then
        MsgBox "请单击行标选择需要修改的图书行", vbCritical, "提示"
        Exit Sub
    Else
        If txt(0) <> rs1.Fields(0) Then
            MsgBox "请单击行标选择需要修改的图书行", vbCritical, "提示"
        Else
            If MsgBox("确认要修改么?", vbYesNo, "提示") = vbYes Then
                Dim i As Integer
                For i = 0 To 4
                    rs1.Fields(i) = txt(i).Text
                Next i
                rs1.Fields(5) = Combo1.Text
                rs1.UpdateBatch adAffectCurrent
                MsgBox "修改成功", , "提示"
            End If
        End If
    End If
End Sub


Private Sub DataGrid1_Click()
    Dim i As Integer
    For i = 0 To 4
        txt(i).Text = rs1.Fields(i)
    Next i
    Combo1.Text = rs1.Fields(5)
End Sub


Private Sub Form_Load()
        cn.Open "Provider = Microsoft.Jet.oledb.4.0;Data Source = " & App.Path & " \Li-
brary.mdb"
        rs1.CursorLocation = adUseClient
        rs1.Open "书库", cn, adOpenKeyset, adLockOptimistic
        Set DataGrid1.DataSource = rs1
        txt(0).Enabled = False
End Sub
```

```
Private Sub Form_Unload( Cancel As Integer)
    rs1. Close
    cn. Close
End Sub
```

2.3 图书删除

```
Private Subcommand2_Click( )
    Unload Me
End Sub


Private Subcommand1_Click( )
    If txt(0).Text = "" Or txt(1) = "" Or txt(2) = "" Or txt(3) = "" Or txt(4) = ""
Or Combo1. Text = "" Then
        MsgBox "请单击行标选择需要修改的图书行", vbCritical, "提示"
        Exit Sub
    Else
        If txt(0) <> rs1. Fields(0) Then
            MsgBox "请单击行标选择需要修改的图书行", vbCritical, "提示"
        Else
        If MsgBox("确认删除图书么?", vbYesNo, "提示") = vbYes Then
            rs1. Delete adAffectCurrent
            rs1. UpdateBatch adAffectCurrent
            rs1. MoveLast
            Dim i As Integer
            For i = 0 To 4
                txt(i) = ""
            Next i
            Combo1. ListIndex = -1
        End If
        MsgBox "删除成功!", "提示"
    End If
    End If
End Sub


Private Sub DataGrid1_Click( )
    Dim i As Integer
    For i = 0 To 4
```

```vb
        txt(i).Text = rs1. Fields(i)
    Next i
    Combo1. Text = rs1. Fields(5)
End Sub


Private Sub Form_Load( )
        cn.Open "Provider = Microsoft.Jet.oledb.4. 0;Data Source = " & App.Path & " \Li-
brary.mdb"
        rs1. CursorLocation = adUseClient
        rs1. Open "书库", cn, adOpenKeyset, adLockOptimistic
        Set DataGrid1. DataSource = rs1
        txt(0).Enabled = False
    End Sub
    Private Sub Form_Unload( Cancel As Integer)
      rs1. Close
      cn.Close
    End Sub
```

3　读者管理功能模块代码

3.1　读者新增

```vb
    Private Subcommand2_Click( )
        Unload Me
    End Sub


    Private Subcommand1_Click( )
      Dim i Λз Integer
      If txt(0).Text = "" Or txt(1).Text = "" Or txt(2).Text = "" Or txt(3).Text =
"" Then
        MsgBox "请输入完整的信息!"
      Else
        rs1. Open "读者库", cn, adOpenKeyset, adLockOptimistic
        rs1. AddNew
        For i = 0 To 3
          rs1. Fields(i) = txt(i).Text
        Next i
        rs1. Update
        MsgBox "添加新用户成功!","恭喜"
```

```
        txt(0).Text = rs1. Fields(0) + 1
          For i = 1 To 3
            txt(i).Text = ""
          Next i
        End If
    End Sub


    Private Sub Form_Load()
        cn.Open "Provider = Microsoft.Jet.oledb.4.0;Data Source =" & App.Path & " \Li-
brary.mdb"
        rs1. Open "读者库", cn, adOpenKeyset, adLockOptimistic
        If rs1. RecordCount = 0 Then
          txt(0).Text = 1
        Else
          rs1. MoveLast
          txt(0).Text = rs1. Fields(0) + 1      '自动设置读者编号 避免读者编号重复
        End If
        rs1. Close
        txt(0).Enabled = False
    End Sub


    Private Sub Form_Unload(Cancel As Integer)
      cn.Close
    End Sub
```

3.2 读者编辑

```
    Private Subcommand2_Click()
    Unload Me
    End Sub


    Private Subcommand1_Click()
        If txt(0).Text = "" Or txt(1).Text = "" Or txt(2).Text = "" Or txt(3).Text =
"" Then
            MsgBox "请选择需要修改的读者数据行!", vbCritical, "警告"
            Exit Sub
        Else
          If rs1. Fields(0) <> txt(0).Text Then
```

```
            MsgBox "请单击行标选择需要修改的读者数据行!", vbCritical, "警告"
            Exit Sub
        Else
            If MsgBox("确认要修改么?", vbYesNo, "提示") = vbYes Then
                Dim i As Integer
                For i = 0 To 3
                    rs1. Fields(i) = txt(i).Text
                Next i
                rs1. UpdateBatch adAffectCurrent
                MsgBox "修改成功","提示"
            End If
        End If
    End If
End Sub


Private Sub DataGrid1_Click()
    Dim i As Integer
    For i = 0 To 3
        txt(i) = rs1. Fields(i)
    Next i
End Sub


Private Sub Form_Load()
    txt(0).Enabled = False
    cn.Open "Provider=Microsoft.Jet.oledb.4.0;Data Source=" & App.Path & "\Li-
brary.mdb"
    rs1. CursorLocation = adUseClient
    rs1. Open "读者库", cn, adOpenKeyset, adLockOptimistic
    Set DataGrid1. DataSource = rs1
End Sub


Private Sub Form_Unload(Cancel As Integer)
    rs1. Close
    cn.Close
End Sub
```

3.3　读者删除

```
Private Subcommand2_Click()
```

```
        Unload Me
    End Sub


    Private Subcommand1_Click( )
        If txt(0).Text = "" Or txt(1).Text = "" Or txt(2).Text = "" Or txt(3).Text =
"" Then
            MsgBox "请单击行标选择需要修改的读者行!", vbCritical, "警告"
            Exit Sub
        Else
            If rs1.Fields(0) <> txt(0).Text Then
                MsgBox "请单击行标选择需要修改的读者数据行!", vbCritical, "警告"
                Exit Sub
            Else
                If MsgBox("确认删除读者么?", vbYesNo, "提示") = vbYes Then
                rs1.Delete adAffectCurrent
                rs1.UpdateBatch adAffectCurrent
                rs1.MoveLast
                Dim i As Integer
                For i = 0 To 3
                    txt(i) = ""
                Next i
            End If
                MsgBox "删除成功!","提示"
        End If
    End If
    End Sub


    Private Sub DataGrid1_Click( )
        Dim i As Integer
        For i = 0 To 3
            txt(i) = rs1.Fields(i)
        Next i
    End Sub


    Private Sub Form_Load( )
        txt(0).Enabled = False
        cn.Open "Provider = Microsoft.Jet.oledb.4.0;Data Source =" & App.Path & " \Li-
brary.mdb"
```

```
        rs1. CursorLocation = adUseClient
        rs1. Open "读者库", cn, adOpenKeyset, adLockOptimistic
        Set DataGrid1. DataSource = rs1
    End Sub
    Private Sub Form_Unload(Cancel As Integer)
        rs1. Close
        cn.Close
    End Sub
```

4. 借阅管理模块代码

4.1 图书借出

```
Private Subcommand1_Click()
    If Text1. Text = "" Or Text2. Text = "" Or Text3. Text = "" Then
        MsgBox "请输入完整的数据!", vbCritical, "警告"
        Exit Sub
    Else
        rs1. Open "Select * From 书库 Where 书号='" & Text1. Text & "'", cn,
adOpenKeyset, adLockOptimistic
        If rs1. Fields(6) = "Yes" Then
        rs1. Close
        Dim temp1 As String, temp2 As String
        rs1. Open "Select * From 书库 Where 书号='" & Text1. Text & "'", cn,
adOpenKeyset, adLockOptimistic
            temp1 = rs1. Fields(1)
        rs1. Close
            rs1. Open "Select * From 读者库 Where 读者编号= '" & Text2. Text & "'",
cn, adOpenKeyset, adLockOptimistic
            temp2 = rs1. Fields(1)
        rs1. Close
            rs1. Open "借阅记录", cn, adOpenKeyset, adLockOptimistic
            rs1. AddNew
            rs1. Fields(1) = Text1. Text
            rs1. Fields(2) = temp1
            rs1. Fields(3) = Text3. Text
            rs1. Fields(5) = Text2. Text
            rs1. Fields(6) = temp2
```

```
            rs1. UpdateBatch adAffectCurrent
            rs1. Close
            rs1. Open "Select * From 书库 Where 书号 ='" & Text1. Text & "'" , cn,
adOpenKeyset, adLockOptimistic
            rs1. Fields(6) = "No"
            rs1. UpdateBatch adAffectCurrent
            rs1. Close
            MsgBox "已办理好借阅手续!" , "提示"
        Else
            MsgBox "该书已经被借出" , vbCritical, "提示"
            rs1. Close
        End If
    End If
End Sub


Private Subcommand2_Click( )
    Unload Me
End Sub


Private Sub Form_Load( )
        cn.Open "Provider = Microsoft.Jet.oledb.4. 0; Data Source = " & App. Path & " \Li-
brary.mdb"
        Text3. Text = Date
        Text3. Enabled = False
End Sub


Private Sub Form_Unload(Cancel As Integer)
        cn.Close
End Sub
```

4.2   图书归还

```
Private Subcommand2_Click( )
Unload Me
End Sub
Private Subcommand1_Click( )
        rs4. Open "Select * From 书库 Where 书号 ='" & Text1. Text & "'" , cn, adOpen-
Keyset, adLockOptimistic
```

If rs4. Fields(6) = "No" Then

    rs4. Close

    If Text1. Text = "" Or Text2. Text = "" Or Text3. Text = "" Then

        MsgBox "请输入完整的数据!", vbCritical, "警告"

    Else

        rs2. Open "Select * From 借阅记录 Where 书号='" & Text1. Text & "' And 读者编号='" & Val(Text2. Text) & "'", cn, adOpenKeyset, adLockOptimistic

        rs2. Fields(4) = Text3. Text

        rs2. UpdateBatch adAffectCurrent

        rs2. Close

        rs4. Open "Select * From 书库 Where 书号='" & Text1. Text & "'", cn, adOpenKeyset, adLockOptimistic

        rs4. Fields(6) = "Yes"

        rs4. UpdateBatch adAffectCurrent

        rs4. Close

        MsgBox "已经办理好归还手续!", "提示"

    End If

Else

    MsgBox "该书已在库!", vbCritical, "提示"

    rs4. Close

End If

End Sub

Private Sub Form_Load()

    cn.Open "Provider=Microsoft.Jet.oledb.4. 0;Data Source=" & App.Path & "\Library.mdb"

    Text3. Text = Date

    Text3. Enabled = False

End Sub

Private Sub Form_Unload(Cancel As Integer)

    cn.Close

End Sub

4.3 借阅查询

Private Subcommand1_Click()

    On Error Resume Next

    rs1. Close

    rs1. CursorLocation = adUseClient

```
        If Option1. Value = True Then
            rs1. Open "Select * From 借阅记录 Where   读者编号 ='" & Text1. Text & "
'" , cn, adOpenKeyset, adLockOptimistic
        Else
            rs1. Open "Select * From 借阅记录 Where   书号 ='" & Text1. Text & "'" ,
cn, adOpenKeyset, adLockOptimistic
        End If
        Set DataGrid1. DataSource = rs1
    End Sub

    Private Sub Form_Load( )
        cn.Open "Provider=Microsoft.Jet.oledb.4. 0;Data Source=" & App.Path & " \Library.
mdb"
    End Sub

    Private Sub Form_Unload( Cancel As Integer)
        cn.Close
    End Sub
```

5 系统管理模块代码

5.1 新增用户

```
Dim rs As New ADODB.Recordset

Private Subcommand2_Click( )
    Unload Me
End Sub

Private Subcommand1_Click( )
    If txt(0).Text = "" Or txt(1).Text = "" Or Combo1. Text = "" Then
        MsgBox "请输入完成的信息!"
    Else
        rs.Open "Select * From 系统管理 Where 用户名='" & txt(0).Text & "'" , cn,
adOpenKeyset, adLockOptimistic
        If rs.EOF = False Then
        If rs.RecordCount <> 0 Then
```

```
        MsgBox "有重名!", vbCritical, "警告"
        rs.Close
        Exit Sub
    End If
    rs.Close
    If txt(2).Text = txt(1).Text Then
        rs.Open "系统管理", cn, adOpenKeyset, adLockOptimistic
        rs.AddNew
        rs.Fields(0) = txt(0).Text
        rs.Fields(1) = txt(1).Text
        rs.Fields(2) = Combo1.Text
        rs.Update
        rs.Close
        MsgBox "添加新用户成功!", "恭喜"
        txt(0).Text = ""
        txt(1).Text = ""
        txt(2).Text = ""
        Combo1.ListIndex = -1
    Else
        MsgBox "两次输入的密码不相同,请确认后重新输入", vbCritical, "警告"
    End If
    End If
End Sub


Private Sub Form_Load()
    Combo1.AddItem "System"
    Combo1.AddItem "Guest"
    cn.Open "Provider = Microsoft.Jet.oledb.4.0;Data Source = " & App.Path & "\Li-
brary.mdb"
End Sub


Private Sub Form_Unload(Cancel As Integer)
    cn.Close
End Sub
```

5.2 修改密码模块代码

```
Dim rs As New ADODB.Recordset
```

```
        Private Subcommand2_Click( )
        Unload Me
        End Sub


        Private Subcommand1_Click( )
            If txt(0).Text = "" Or txt(1).Text = "" Or txt(2).Text = "" Then
                MsgBox "请输入完整的信息!", vbCritical, "警告"
            Else

                rs.Open "Select 密码 From 系统管理 Where 用户名='" & txt(0).Text & "'",
cn, adOpenKeyset, adLockOptimistic
                If txt(1).Text <> rs.Fields(0) Then
                    MsgBox "用户名或原密码错误!", vbCritical, "警告"
                    rs.Close
                    Exit Sub
                Else
                    rs.Fields(0) = txt(2).Text
                    rs.Update
                    rs.Close
                    MsgBox "密码修改成功!","恭喜"
                End If
            End If
        End Sub


        Private Sub Form_Load( )
            cn.Open "Provider = Microsoft.Jet.oledb.4.0;Data Source =" & App.Path & " \Li-
brary.mdb"
        End Sub


        Private Sub Form_Unload(Cancel As Integer)
            cn.Close
        End Sub
```

参 考 文 献

［1］ 白晓勇. VisualBasic 课程设计案例精编［M］. 北京：清华大学出版社，2007.

［2］ 赵苹. 管理信息系统案例教程［M］. 北京：北京大学出版社，2002.

［3］ 尚晋，杨有. 关键成功因素法在电脑选购方面的应用研究［J］. 重庆航天职业技术学院学报，2009，02.

［4］ 张爱民. 关键成功因素法在决策者信息需求识别中的应用［J］. 晋图学刊，2009，06.

［5］ 钟雁. 管理信息系统开发案例分析［M］. 北京：清华大学出版社，2006.

［6］ 邓晓红. 管理信息系统实验指导与课程设计［M］. 北京：机械工业出版社，2006.

［8］ 张友生. 系统分析师考试分析与设计试题分类精解［M］. 北京：电子工业出版社，2007.

［9］ 张孝祥，徐明华. VisualBasic 基础与案例开发详解［M］. 北京：清华大学出版社，2007.

［10］ 王卫国，罗志明，张伊. Access 2007 中文版入门与提高［M］. 北京：清华大学出版社，2009.

［11］ 王新玲，房琳琳. 用友 ERP 财务管理系统实验教程［M］. 北京：清华大学出版社，2006.

［12］ 孟德欣，谢婷，王先花. VB 程序设计［M］. 北京：清华大学出版社，2009.

［13］ 牟绍波，唐云锦. 管理信息系统上机指导与实践教程［M］. 成都：西南交通大学出版社，2012.